*Management By Vice*

# 악의 경영

# 악의 경영
## Management By Vice

초판 1쇄 인쇄 ㅣ 2003월 4월 25일

초판 1쇄 발행 ㅣ 2003월 5월  1일

지은이 ㅣ C. B. Don

옮김이 ㅣ 임정재

펴낸이 ㅣ 김영호

책임편집 ㅣ 이수진

펴낸곳 ㅣ 함께읽는 책

주   소 ㅣ 서울시 관악구 신림 1동 1631-19 평화빌딩 2층

　　　　전화 02-839-7845, 팩시밀리 02-839-7846

E-mail ㅣ cobook@cobook.co.kr

값 9,800원

ISBN 89-90369-12-6   13320

* 잘못된 책은 바꿔드립니다.

*Management By Vice*

# 악의 경영

C. B. Don 지음 | 임정재 옮김

함께읽는책
COBOOK

21세기 기업경영의 화두(話頭)이자 키워드는 단연 'R&D(연구 및 개발)'이다. 연구개발은 비단 기술력을 최고로 치는 IT(Information Technology, 정보기술)산업과 제약, 생명 공학에서 그치지 않고, 기계, 화학 전반을 아우르는 분야에까지 중요한 핵심과제로 부상하고 있다.

우리나라 기업들도 90년대 후반에 접어들면서 R&D의 중요성을 인식하기 시작해 엄청난 자금을 R&D에 투자하는 등 세계 초일류 기업으로 성장하기 위해 고군분투하고 있는 실정이다. 이는 상당히 고무적인 일이라 하지 않을 수 없다. 그런데 여기에 간과해서는 안되는 것이 있다. 바로 '연구자'들이다.

엄격하게 말하면 R&D는 '하드웨어'에 해당하며 이를 책임지는 사람들, 곧 연구자들은 '소프트웨어'이다. 하드웨어가 제 아무리 뛰어나다고 해도 이를 운용하는 소프트웨어에 문제가 발생한다면 하드웨어가 제대로 작동될 리 만무하다. 기술의 중요성을 강조하면서 엔지니어와 연구진을 제대로 대우해주지 않는다면 R&D에 역점을 두자는 말은 한낱 공염불에 지나지 않는다. 실질적인 기업의 생존은 인적자원, 즉 소프트웨어에 달려 있다.

기술력은 세계 최고 수준이라고 해도 그 기업의 조직력을 최대한 효과적으로 경영하고 관리하는 길은 바로 '인적자원의 적재적소(適材適所)'에 달려있다고 해도 과언이 아닐 것이다. 다시 말해 기업생존의 요체는 바로 '인간 경영'에 있으며, '인간 경영'의 요체는 바로 '당근'에 달려있다는 것이다. 이러한 시각에서 볼 때 이 책, 「악의 경영」은 우리에게 시사하는 바가 적지 않다.

이 책은 소프트웨어를 가볍게 보는 경영진에 의해 한 기업이 도산하는 과정과 함께, 경영시스템에서 철저하게 배척 당하고 있는 연구진의 모습을 그리고 있다. 또 R&D는 결코 단순한 하드웨어가 아니며, 그 하드웨어를 관장하는 소프트웨어인 연구진에 대해서, 경영진은 어떻게 인간경영을 실천해야 하겠는가, 하는 질문을 매우 역설적으로 던지고 있다. 또한 R&D 부문에서 20년 이상 종사한 저자의 체험이 고스란히 배어있을 뿐 아니라 독선적인 경영진에 대한 신랄한 비판과 연구진에 대한 연민이 묻어있는 이 책은 R&D의 생생한 현장은 물론, 기업경영의 요체는 바로 '인사(人事)'에 있다는 평범한 진리를 생생하게 묘파하고 있어 특히 많은 경영진들에게 권하고 싶다.

2002년에 노벨 화학상을 수상한 일본의 다나카 고이치(田中耕一)는 평범한 회사원이었다. 전자공학 학사학위가 최종학력인 그가 노벨상을 수상하기까지, 물론 고군분투한 그의 집념과 노고가 있었기에 가능했겠으나 그가 '시마즈 제작소'에 근무했기 때문이라는 얘기를 하는 사람들이 많이 있다. 즉 일본 재계에서 '대학보다 더 학구적인 연구 풍토를 가진 기업'이라는 평가를 받는 시마즈 제작소의 기업문화가 큰 수훈자였다는 것이다. 당시 그에 관한 많은 보도 가운데, "나는 실험을 거듭하면서 많은 실패를 했지만, 만약 연구비를 낭비한다고 질책하는 회사였다면 벌써 해고됐을 텐데, 경영진이 3~5년 후에 활용할 만한 신기술이라면 아무 것이나 연구해도 좋다며 연구예산을 쉽게 배정해 줬다."는 인터뷰는 지금도 잊혀지지 않는다.

다시금 강조하거니와, 기업경영에서 있어서 가장 중요한 것 중에 하나는 단연 '인사'이다. 인사가 '만사(萬事)'가 되어야지, 인사가 '망사(亡事)'가 되어서는 안될 일이다.

인천 작업실에서 임정재

# K주식회사 연구개발부의 조직구성도

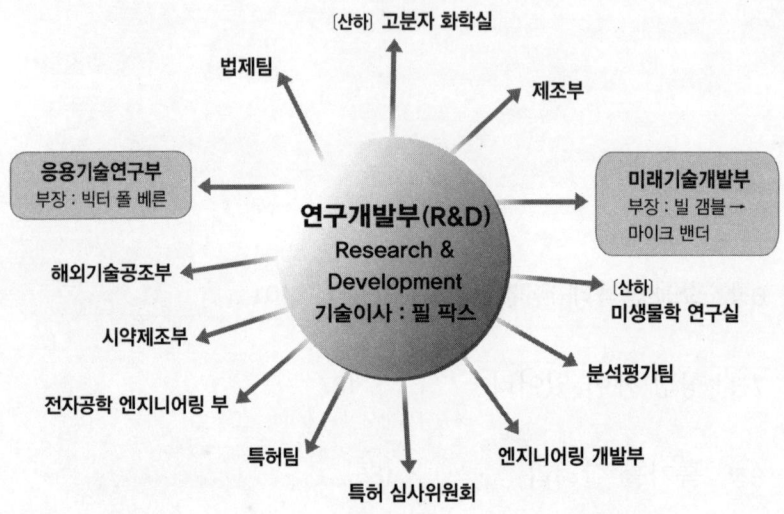

[산하] 고분자 화학실

법제팀

제조부

**응용기술연구부**
부장 : 빅터 폴 베른

**연구개발부(R&D)**
Research & Development
기술이사 : 필 팍스

**미래기술개발부**
부장 : 빌 갬블→
마이크 밴더

해외기술공조부

[산하]
미생물학 연구실

시약제조부

분석평가팀

전자공학 엔지니어링 부

특허팀

엔지니어링 개발부

특허 심사위원회

## 연구개발 Research & Development

단어적인 표현만을 분석해 보면, research는 기초 연구와 그 응용화 연구, development는 이러한 연구성과를 기초로 제품화까지 진행하는 개발업무를 가리킨다. 연구·개발의 원천은 곧 연구원의 창조적인 연구활동에 있다. 그러나 여기에는 연구·개발에 대한 인간관리의 어려움이 있다. 특히 대기업일수록 연구조직이 관료화되어 참신한 아이디어가 창출되기 어렵다고 하며, 이러한 폐단이 없는 노직을 만들기 위한 다각도의 노력이 시도되고 있다. 그러나 연구개발의 성공률은 낮기 때문에 리스크가 큰 것이 현실이다. 미국의 한 조사기관에 따르면, 연구에서 성공할 확률은 1/2이고, 그 연구물 가운데서 상품화가 가능한 확률도 1/2, 다시 상품으로서의 수익을 창출해내는 것이 1/2이라고 한다. 따라서 전체 성공률은 1/8이 되는데, 때문에 대기업이나 정부투자의 벤처기업 등을 제외한 일반기업 가운데 연구개발비용의 지출 및 연구개발투자에 소극적인 것이다.

와르르쿵 천둥 치듯
회사는 산산조각 나고
주식은 폭락하기 시작하네.

순식간에 이렇게 된 이유는 무엇인가.
이유는 모두들 너무 잘 알고 있다네.

일찍부터 연구개발부는 이 회사가 망하는 것이
시간문제라 예견하지 않았던가.
'똥냄새가 심하게 난다.'며 하루가 멀다고
문제삼지 않았느냔 말일세.
그런데 그 악취가 어디에서 났는지 아는가?

## 제1장

# 기회를 잡았으면 절대로 놓치지 마라

당신, 엘리베이터처럼 빠른 초고속 승진을 원하는가.
그럼 당장 골프부터 배워라.

최첨단 기술 회사에서, 더구나 내로라하는 대기업에서 경영진으로 승진할 수 있는 기회를 잡았다면 결코 놓쳐서는 안 될 것이다.

빌 갬블 박사는 본래 화학자였지만 초고속으로 경영진이 된 좋은 사례이다. 그는 성공이라는 고속도로에서 최고의 노상강도가 되는 데에는 MBA(경영관리학 석사) 학위조차 필요없다고 생각했다. 그는 회사 동료들과 골프를 치던 중, '승진할 수 있는 좋은 기회'에 대한 정보를 입수한다. 그리고 그는 절친한 친구이자 막강한 경쟁자를 엉터리 스윙 한 방으로 손쉽게 물리치는데 성공한다. 골프 공으로 오른쪽 손목을 강타당한 그의 경쟁자는 참을 수 없는 통증으로 인해 더이상 골프 클럽을 휘두를 수 없는 지경이 되었고 이제 연구개발 담당 기술이사 필 곽스와 여유있게 골프를 즐길 수 있는 사람은 바로 빌 갬블 뿐이다.

홀인원을 하려고 기를 쓰던 곽스는—하늘이 갬블을 도우려는 심사인지, 매우 운이 좋게도— 희한한 퍼팅스트로크로 마침내 홀인원을 기록한다. 기분이 너무 좋았던 곽스에게 갬블은 이미 뛰어난 경영비전을 가진 유능한 사람이었다. 클럽 룸에서 가진 짧은 인터뷰만으로도 그의 비전을 알 수 있었던 터. 때문에 선뜻 사장에게 천거한다. 그리고 윌리 스틴 사장은 미래기술개발부 부장에 빌 갬블을 임명한다.

그러나 경영진에게 주어지는 호화로운 생활을 누리던 갬블 부장에게도 이제 새로운 위기가 닥친다. 초호화판 라이프 스타일은 그에게 점차 더 많은 돈을 요구하기 시작한 것이다. 돈에 혈안이 돼 있던 그에게 '위기는 새로운 기회'를 만들었다. 그것은 바로 박테리아를 박멸하는 새로운 물질 '메탈 콤플렉스(metal complex)'이다.

미래기술개발부 산하 미생물학 연구실의 허만 짤저 박사와 알랜 호크 박사가 만들어낸 이 물질은 지금까지 알려지지 않은 완전히 새로운 물질이다. 어떠한 항생제에도 끄떡하지 않던 지독한 박테리아 병원균조차 단 한번에 박멸할 수 있는 그야말로 엄청난 물질 '메탈 콤플렉스. 갬블'은 짤저와 호크가 합성한 이 물질을 처음 본 순간, '거액을 챙길 수 있는 기회'임을 알아챘다.

'면역 체계가 약해졌을 때 주로 발병하는 전염병원균조차 단 한 번으로 박멸시킬 수 있다니, 감탄사가 절로 터져나올 수밖에

없는 정말 대단한 물건이다. 절호의 기회야. 절대 놓칠 수 없지.'

아침부터 갬블은 미팅 스케줄을 살피며 한 숨을 내쉬고 있다. 쨀저와 호크가 의학적 사용에 관한 메탈 콤플렉스의 특허 문제에 대해 미팅을 갖자고 했기 때문이다. 그는 그동안 쨀저와 호크를 피하기 위해 아프지도 않은 위궤양을 앓은 체 해왔는데, 오늘은 어떻게 이 난관을 넘어가야 할지 고심하며 초조하게 머리카락을 쓸어 넘기고 있는 중이다. 사실 최고경영진들은 대부분 프로젝트에 대해 눈곱만큼의 관심조차 보이지 않는다. 심지어 회사는 연구진이 기울인 노력에 대해 금전적인 보상조차 제대로 하지않은 채 발명품만 쏙쏙 낚아채 왔다. 그는 이러한 사실조차 파악하지 못하고 있는 쨀저와 호크가 답답하기만 했다. 그때 그의 비서인 조가 사무실 문 앞을 지나간다.

"(어떻게든 슬쩍 넘어가야 할텐데) 아이쿠, 괜찮았던 위궤양이 또 도지는구만."

"갬블 부장님, 오전에 미팅 있습니다."

"알아요. 안다구. 더 이상 말하지 말아요. 이런 화분은 왜 여기에 두는지 모르겠어."

갬블은 화분이 놓여진 컴퓨터 테이블의 과자를 한 움큼 집어 입속에 털어 넣었다.

조는 그가 과자를 먹는 것으로 위궤양의 통증을 다스린다는 것을 익히 알고 있었다. 그가 벌레 씹는 얼굴로 자리에서 일어나 복도 쪽으로 나가려던 찰나, 조는 그를 불러 세웠다.

"회의실 복도 연결공사가 아직 마무리되지 않아서 연구개발부 앞에 있는 엘리베이터를 이용하셔야 합니다."

그는 투덜거리다 갑자기 무슨 생각을 하는지, 음흉한 웃음을 짓는다.

종종 걸음으로 그의 뒤를 따르던 조 역시 엘리베이터에 올라탄다.

❋❋❋

"호크 실장님! 갬블 부장이 마음에 들지 않아서 정말 미치겠습니다."

오스트리아 액센트에 침까지 튀기며 짤저는 호크를 향해 열변을 토하고 있다. 그는 메탈 콤플렉스의 특허를 위해 정리한 노트와 서류들을 손으로 가리키며, 수없이 실험하고 세 번씩이나 검토했다며 변덕스러운 경영진을 신랄하게 비판하는 중이다.

호크 역시 짤저의 답답한 심정을 이해한다는 듯 격앙된 말투로 맞장구를 치며 그를 위로한다. 지난 10년간 한 연구실에서 지내다보니 그의 솔직하고 직선적인 태도가 자연스럽게 느껴진다. 다만 경영진들이 그런 솔직한 태도를 갖고 있지 않다는 점이 유감스러울 뿐이다.

연구실 문 밖에서 사람들의 목소리가 들리자, 호크는 목소리를 낮추라며 그에게 주의를 준다. 회사 내에서 경영진에 대해 왈가왈부하는 것이 좋을 리는 없다. 더구나 그는 이미 몇 번이나 불이익을 당했던 터였다.

"짤저 박사. 그래도 갬블 부장은 이 프로젝트에 대해 남다른 관심을 보이고 있다면서요. 프로젝트 평가미팅에서도 엄청난 이익을 가져올 수 있는 잠재력이 있는 물질이라고 평가했다고 그랬잖아요."

"그건 말뿐이죠. 아직도 변리사에게 특허출원을 신청하지도 않고 있잖습니까. 데이터를 더 보완해야 하고 무슨 관련도 없는 병균에 실험까지 하라고 하니, 이게 무슨 개뼉다귀같은 소립니까. 이 정도면 특허출원하기엔 충분하지 않습니까."

"그건 짤저 박사의 말씀이 백번 옳습니다. 더 많은 메탈 콤플렉스의 변종을 만들어 보라니, 그건 가당치도 않은 말이죠. 저 역시 왜 특허출원을 질질 끄는 건지 도무지 이해가 되지 않습니다."

"혹시 갬블 부장이 다른 꿍꿍이가 있는 것은 아니겠죠"

"짤저 박사, 그냥 최고경영진이 참석하는 프리젠테이션이 열릴 때까지 꾹 참고 기다려보십시다. 네!"

"크게 달라지진 않을 겁니다. 경영진은 하나같이 자기 잇속 차리는 데에만 골몰하고 있으니까요. 문제는 갬블, 저 작자가 우리 미생물학 연구실의 손발을 꽁꽁 묶고 있다는 겁니다. 이 프로젝트를 하루라도 빨리 특허팀에 보내지 않으면, 법제팀은 신경조차 쓰지 않을 게 아닙니까. 하루빨리 특허를 출원해야 하는데 말입니다. 프로젝트 평가미팅에 실장님도 동석을 하셨어야 했어요. 이번에 열리는 프리젠테이션 만큼은 꼭 참석하십쇼. 갬블이 이번에는 뭐라고 변명을 늘어놓을지 직접 들으셔야 한다구요. 연구만 하면 뭐합니까. 경영진 녀석들의 속을 몰라 가지고서야. 어디…… 아무튼 저희 고향 비엔나에선 이런 경우를 가리켜, '내가 바보인지 네가 바보인지 모르겠다(Bin Ich ein Esel oder Du?)'고 한답니다."

"아, 그거야 쨀저 박사가 바보 아닙니까."

호크는 쨀저의 답답한 마음을 충분히 이해한다는 듯 큰소리로 웃었다. 이어 문이 열리고 입안 가득 과자를 씹고 있는 갬블이 들어왔다.

"쨀저 박사, 이번에는 누가 바보인지 잘 알 수 있을 것 같은데, 안그렇소."

갬블은 이어 무슨 말을 더 하려 했으나 과자가 목에 걸려 말을 하지 못했다. 대신 그는 요란하게 기침을 해대며 복도에 설치돼 있는 급수대로 달려가 허겁지겁 물을 마셨다. 그리고 그는 노골적으로 혐오스런 표정을 지으며 뭔가 트집잡을 것이 없는지 주위를 살피며 말을 이었다.

"잘못 했으면 숨이 막혀 죽을 뻔했는데, 여길 보니 더 끔찍하군. 연구실에 틀어 박혀 언제 끝날지도 모를 실험을 끊임없이 해대던 그 끔찍한 과거가 떠오르는구만. 제가 진짜 원하는게 뭔지 아십니까. 이 지긋지긋한 실험실을 하루빨리 떠나는 겁니다. 하루빨리!"

갬블은 순간 움찔했다. 그를 따라 쨀저와 호크는 연구실을 나와 엘리베이터를 향해 걸었다.

호크는 그가 화학박사 출신임에도 연구진에게는 집이나 다름없는 연구실을 지긋지긋해 한다는 사실이 의아스러웠다. 그때 갬블의 박사논문을 지도한 바 있는 한 교수가 했던 이야기가 문득 떠올랐다. "갬블이 미래기술개발부의 책임자로 온다는 건, 회사가 망하려고 작정한 게 아니고 뭔가." 고개를 저으며 내내 냉소적으로 말하던 교수의 얼굴을 기억하며, 호크도 그를 지켜보기로 했다. 복도 옆 연구실의 실험 기구들과 연구진들을 보며 지긋지긋해 하는 그도 과거에는 연구에 모든 열정을 바쳤을 터였다.

"갬블 부장님은 언제 연구를 포기하셨습니까."

짤저가 그에게 물었다.

"무슨 소립니까. 저는 지금도 연구만을 생각하고 있는데 말입니다."

짤저의 액센트를 흉내내며 비아냥거리던 그는 계속해서 말을 이었다.

"연구를 생각하지도 않으면서 어떻게 이 부서를 책임질 수 있겠습니까. 저도 연구에만 매달렸던 적이 있었습니다. 그땐 정말 연구가 가장 중요하다고 생각했었죠. 그러나 지금은 생각이 바뀌었습니다. 박사님들은 연구를 천직으로 생각하지만, 저는 그보다 훨씬 멋진 인생을 원하니까요. 박사님들처럼 고고하신 양반들이나 뼈빠지게 연구에 매달리는 거지. 전 다시는 그렇게 못할 것 같습니다. 아니, 그런데 엘리베이터가 지금 몇 층에 있는 겁니까. 굼벵이가 따로 없구만."

그가 버튼을 눌러대자, 멀리서 엘리베이터 움직이는 소리가 들렸다.

"연구시설이 좋아지면 저희 생활도 좀 나아질 것 같습니다만, 신축한다는 건물은 여태 소식이 없으니, 저희도 답답합니다."

"호크 박사님, 전 입사한 지 고작 3년밖에 되지 않았는데 어떻게 알겠습니까. 그리고 그런 것은 진작에 말씀을 하셨어야 하는 것 아닙니까. 그럼 연초에 있었던 경영진 미팅때 연구개발 담당 기술이사님께 말씀드려 볼 수도 있었을텐데 말이죠. 기술이사님이야말로 돈줄을 쥐고 있지 않습니까."

그의 눈이 번득이는 것을 알아채지 못한 사람은 없었다. 그가 기술이사 자리를 노리고 있다는 것은 이미 알만한 사람은 모두 알고 있던 터였다.

"그게 무슨 뚱딴지같은 소립니까. 우리같은 연구진은 경영진 미팅에 일체 불러주지도 않으면서 말입니다."

짤저는 그에게 말하면서도 호크에게 연신 눈을 찡긋거렸다.

"이 회사에서 25년 이상 근무했던 분들이 경영진에게 그 정도도 말씀드리지 못한단 말입니까. 이게 바로 연구진의 한계라니까요. 호랑이 굴에 들어가야 호랑이 새끼라도 잡을 것 아닙니까. 아니, 그런데 오늘따라 엘리베이터가 왜 이렇게 말썽을 부리는지 모르겠네."

"호랑이 굴로 직접 들어가라. 이거죠"

호크는 노골적으로 빈정댔다.

며칠 전, 연구개발 담당 기술이사가 연구실에 들러 마드리드에서 있었던 경영진 미팅때 즐긴 투우와 골프에 대한 이야기를 줄기차게 늘어놨기에 그들은 이미 잘 알고 있었다.

"그건 해외 마켓팅 부장이 마드리드를 고집했기에 갔던 것입니다만, 투우사가 소를 유인한 뒤에 칼로 죽이는 장면을 봤을 때는 비즈니스 감각의 중요성에 대해 새삼 깨달을 수 있었습니다. 비즈니스의 요체는 어떻게 해서든지 고객을 끌어들여 물건을 사도록 하는 것 아닙니까. 그렇게 따지면 마드리드에서의 투우관람은 정말 유익했습니다."

그때 마침 엘리베이터가 열렸고 갬블은 올라타기가 무섭게 화제를 바꿨다.

"오늘 미팅에서는 뭘 논의할 계획이죠?"

"메탈 콤플렉스의 특허출원에 대해 논의하려고 합니다."

짤저가 말했다.

엘리베이터가 5층에서 멈추고 이어 세 사람은 회의실로 향했다. 그때 맞은편에서 걸어오는 젊은 여자에게 갬블이 상냥하게 인사하며 짤저와 호크에게도 소개한다.

엘렌은 최근 법제 팀에 입사한 신참 변리사이다. 팀장을 대신해서 미팅에 참여코자 방문한 그녀는 몸에 꼭 끼는 자회색 미니스커트에 금발을 찰랑거리며 회의실로 들어간다. 그녀의 미끈한 다리를 쳐다보며 들어서는 그와, 그가 빼준 의자에 앉자마자 스커트를 밑으로 잡아 내리는 그녀를 냉소적으로 바라보던 호크와 짤저가 탁자를 사이에 두고 자리를 잡는다.

"짤저 박사와 제가 이번에 발명한 메탈 콤플렉스는 당연히 특허를 받을 수 있다고 생각합니다. 특허출원을 위한 모든 기술자료도 완벽하게 준비해 놓았습니다."

호크의 말이 끝나자마자, 갬블은 말을 받았다.

"다른 균에 대한 실험 결과와 특히 메탈 콤플렉스의 다른 변종까지 철저하게 검사하지 않고는 완벽하다고 말할 수 없겠죠."

"이미 충분한 자료를 준비해뒀습니다. 게다가 현재 진행중인 실험 결과까지 첨부서류로 제출할 수 있도록 만반의 준비를 끝냈습니다."

짤저와 호크는 물러서지 않을 기세로 테이블에 바짝 다가와 앉았다.

"변리사로서 이 문제를 어떻게 생각하십니까."

호크가 묻자, 그녀는 서류철을 펼치며 '특허출원에 계류중인 발명 프로젝트 목록'이라는 제목의 서류를 꺼냈다.

"이 목록을 보면, 미생물학 연구실에서 제출한 서류가 승인되지 않은 채 그대로 방치돼 있다는 것을 알 수 있습니다. 제 생각에는 특허를 받을 정도로 가치있는 물질이 아닌 것 같습니다만……."

"검토를 했다고 하지 않았습니까."

그녀의 말이 끝나자마자 흥분한 짤저는 소리를 질렀다.

이제까지 의자에 기댄 채 말이 없던 갬블은 인상을 찌푸리며 되려 큰소리다.

"제발 진정 좀 하십시요. 짤저 박사님은 너무 지나치게 다혈

질이신 것 같아요."

당장이라도 주먹이 오고갈 상황임에도 호크의 얼굴에는 희미한 웃음이 번진다. 그는 마침 회사 내에서 갬블과 앙숙으로 소문난 응용연구기술부의 빅터 폴 베른 부장을 떠올리던 중이었다. 베른 부장은 응용연구기술부의 책임자이기도 하지만 현재 연구개발부 산하 연구실에서 개발된 모든 발명품의 특허출원을 위해 구성된 '특허 심사위원회'에 소속돼 있는 상태였다.

"뭐, 그리 놀랄 일도 아닌 것 같습니다. 쌀저 박사님. 특허 심사위원회 사람들이 메탈 콤플렉스의 가치를 제대로 알기나 하겠습니까."

"맞습니다. 호크 박사님. 베른 부장 따위에게 특허 문제를 맡기느니 우리가 적극적으로 추진하는게 훨씬 낫죠."

그는 호크의 말에 전적으로 동의한다는 듯 고개를 끄덕이며 말했다.

"그런데 엘렌 양은 박사님들의 특허출원을 신청할 시간적인 여유조차 없는 걸로 알고 있습니다."

그는 엘렌을 끌어들인 것을 후회하고 있다. 그녀가 더 이상 개입하지 못하도록 해야 한다는 생각에 그는 손을 부르르 떨었다.

"이번 일은 사외 변리사를 선임하는 것이 좋겠습니다. 제가 직접 법제팀 팀장과 협의해서 결정하도록 하겠습니다. 비용이 좀더 들더라도 박사님들이 연구에만 전념하실 수 있도록 하는 것이 회사 입장에서도 바람직하리란 생각입니다. 특허출원 문제는 이렇게 매듭을 짓도록 합시다."

짤저와 호크는 갑작스런 그의 태도가 마음에 들지 않았다. 더구나 법제팀은 회사 내에서도 늑장을 부리는 것으로 유명했다. 게다가 더 비싼 사외 변리사라니……. 다른 방법이라고는 하나 결국에는 그의 뜻대로 휘둘리고 만 것이다.

"특허출원 서류를 안전하게 제출하기 전까지는 문제가 끝난 게 아니지요."

짤저의 말에 불끈 화가 치밀었지만, 그는 아무 말도 하지 않았다.

"왜요. 갬블 부장님. 실험용 벌레라도 죽을까봐 그렇게 서두르는 겁니까."

호크 역시 더이상 물러설 수 없다는 듯 정면으로 쏘아 붙였다.

"호크 박사님. 연구에만 매달리시더니 정신까지 좀 이상해지십니까. 메탈 콤플렉스가 그렇게 완벽한 물질이라면 당장 특허를 출원해야하지 않겠습니까. 누군가가 가로채기 전에 말입니다."

벌떡 일어나 광활한 태평양이 한 눈에 보이는 창으로 걸어간 그는 얼굴이 벌겋게 달아오르는 것을 느꼈다. 홧김에 내뱉은 말을 짤저나 호크가 알아챘을 지도 모른다는 생각에 심장은 터질 지경이었다. 가슴을 쓸어내리던 그는 다시 뒤돌아 호크에게 말했다.

"설사 경쟁업체가 먼저 선수친다고 해도 박사님들은 완벽한 연구 데이터를 갖고 있지 않습니까. 그리고 갖고 있다면 벌써 터뜨렸겠지요. 그렇게 완벽한 물질을 꼭꼭 숨겨놓을 수가 있겠습니까. 여하튼 이 문제는 가능한 빨리 사외 변리사를 선임한 후에 하도록 합시다."

호크는 그를 미심쩍게 여겼지만, 딱히 왜 그가 의심스러운지는 알 수 없었다. 그러나 짤저가 그를 마음에 들지 않는다고 말했던 이유는 알 것 같았다.

그는 부산스럽게 일어나며 벌써 나갈 준비를 하고 있다.

"이것으로 오늘 회의는 끝냅시다. 저는 약속이 있어서 일어나야겠습니다. 그리고 연구실에만 있지 마시고 저희 아내가 하는 가게에도 한 번 들러주십쇼."

※※※

5개월이 지난 뒤에야 엘렌은 적합한 사외 변리사를 찾았다는 통고를 해왔다. 그날 엘렌이 가져온 서류에는 사외 변리사 채용비용에 관한 책임자의 서명이 필요했기에, 호크는 갬블의 사무실로 전화했다. 그리고 10여분이 지나서야 그가 한 달에 10여일은 회사에 출근하지 않는다는 것과 그의 아내가 운영하는 선물가게에 가면 만날 수 있다는 것, 그래서 조는 커피를 마시며 뜨개질을 하고 있다는 사실까지 알 수 있었다.

짤저와 호크는 곧장 조가 일러준 가게로 찾아갔다. 이국적인 꽃들과 야자수로 장식한 쇼핑센터에는 고급 패션 전문점과 이탈리아 식당이 즐비했다. 최신 유행으로 치장한 여자들이 쇼핑백을 들고 나오는 가게 앞에서 그들은 멈춰 섰다. 실내는 과일향이 진동하고 앙증맞은 아기용품부터 파티 이벤트 물품들까지 화려하게 진열돼 있었다.

"구경오셨어요. 찾으시는 물건이라도 있으세요?"

잘 셋팅된 빨간 머리를 만지작거리던 여자가 어색하게 웃으며 말했다.

"갬블 부장님을 뵈러 왔습니다. 여기 계시다고 들었는데요?"

"잘 오셨어요. 제가 갬블 부인이에요. 쨀저 박사님 맞죠? 듣던 대로 독일어 액센트가 심하시네요."

쨀저는 기분이 상했지만 억지로 미소를 지으며 말했다.

"갬블 부인. 오스트리아입니다."

"어머, 그래요. 오스트리아로 출장갈 때 저도 따라 갔었는데…….초콜릿 케이크로 유명한 호텔에 묵었었죠. 이름이 뭐더라. 여하튼 굉장히 비쌌어요. 출장비가 많이 나왔으니 망정이지, 그런 호텔에 어떻게 묵겠어요. 회사가 직원들을 많이 배려해줘서 너무 고맙지 뭐에요. 항상 최고급 호텔에 묵으니 저는 출장가는 날만 기다려진답니다."

수다스런 그녀를 보며 호크는 몇 달전, 해외출장비가 충분치 않아서 고급호텔은 꿈도 못꾼다며 투덜거리던 그의 얼굴을 떠올렸다. 미래기술개발부의 해외출장비용이 바닥난 데에는 다 이유가 있었다.

"저희들은 갬블 부장님의 친필 서명이 필요해서 급하게 온 것뿐입니다."

"남편이 지금 새 스포츠카를 세차하고 있거든요. 메르세데스로 구입했는데 얼마나 비싸게 주고 샀는지…… 그동안 저희 가게 좀 구경하시고 하나씩 사세요. 사시면 당장이라도 데려올테니까."

그때 종소리가 나면서 30대 중반의 한 여자가 들어왔다. 그녀는 갬블 부인과 이야기를 주고 받더니 곧장 짤저와 호크에게 웃으며 자신을 갬블의 사촌이라고 소개한다.

"반갑네요. 저희 남편도 콩코드 주식회사에 실험실 책임자로 있어요."

짤저와 호크는 서로의 얼굴을 쳐다보았다.

콩코드는 임상시험을 전문으로 하는 연구소로서, 규모는 작지만 업계에서는 정평이 나있는 중견업체이다. 호크가 짤저에게 무슨 말인가를 하려던 찰나, 종소리가 또 울렸다.

갬블은 활짝 웃으며 그들을 반겼다. 넓은 가게 안을 안내라도 하려는 눈치다. 호크는 손목시계를 쳐다보다가 급하게 서류를 내밀었다.

"빨리 결정하지 않으면 이 변리사도 다른 일을 맡게 될지 모른다고 하더군요. 어서 서명을 해주십쇼."

"호크 박사님. 하던 일부터 좀 마무리하고 합시다. 여긴 내가 없으면 일이 안된다니까. 그 서류는 놔두고 가세요. 서명은 제가 할테니까."

예상했다는 듯 짤저와 호크는 준비한 펜을 꺼내어 그의 앞에 들이댔다. 그는 화난 얼굴로 펜을 받아쥐고는 인상을 잔뜩 찌푸린 채 과장되게 서명을 했다. 그리고 그는 아내에게 말했다.

"여기 박사님들이 쇼핑을 하신다니까, 특별히 싼 가격으로 해서 당신이 좀 도와드려."

짤저와 호크는 각각 쇼핑백을 들고 가게를 나왔다. 아내를 위해 샀지만 아내도 좋아할 것 같지 않다. 더구나 그의 가게에서 하트 모양의 향단지를 사다니.

❊❊❊

무려 3시간 동안 넓은 전시장을 돌아다니느라 호크는 지칠대로 지쳐 있었다. 부스에는 반도체부터 임상 분석기기, 고성능 첨단기기 등 수많은 제품들이 전시돼 있는 것은 물론, 신생업체부터 세계적인 대기업에 이르기까지 미북서부에 위치한 기업들은 모두 참가한 대규모 박람회였다.

그는 뷔페 테이블에 마련된 커피를 마시며 참가업체들이 준비한 카탈로그를 보고 있다. 그때 사람들이 잔뜩 모여있는 한 부스가 그의 눈에 띄었다. 회사 이름을 확인한 그는 정신없이 카탈로그를 가방에 구겨넣고 인파 속으로 들어간다. 친절한 안내원은 환하게 웃으며 제품설명에 열을 올리고 있다.

"이번에는 저희 콩코드사의 신제품에 대해 말씀드리겠습니다. 첫 번째 제품은 박테리아의 오염여부를 신속하게 검사할 수 있는 시약으로서 이미 임상실험이 끝난 상태입니다. 두 번째 제품은 '기적'이라고 밖에 설명을 할 수 없는 제품입니다."

그녀는 목소리에 힘을 주고 카탈로그를 활짝 펼쳐 보이면서 말했다.

"기적입니다. 단 한번에 모든 전염병원균까지 모조리 완벽하게 박멸하십시오. 딱 한 번이면 충분합니다. 이 화학 약품은 제약업계의 미래라고 감히 말씀드릴 수 있을 정도로 저희 회사가 야심차게 연구 개발한 신제품입니다."

사실 그는 콩코드사의 부스만은 예의주시하고 있던 터였다. 그런데 그의 불길한 예감이 적중하고 만 것이다. 특허출원을 신청한 게 엊그제인데, 벌써 출시됐다니……. 연구실에만 틀어박힌 채 50년 이상을 화학 약품과 씨름하며 살아온 그였다. 점점 모여드는 사람들로 인해 그녀의 목소리는 흥분돼 있다.

"이렇게 대단한 살충제라면 이미 특허도 받았을 것 같은데. 그렇지 않습니까."

"물론 곧 특허도 받아야죠"

불현듯 엘렌이 연구실로 직접 찾아와 사외 변리사에 관한 이야기를 들려줬던 것이 머리를 스쳤다. 갬블이 사외 변리사 비용을 터무니없이 적은 비용으로 결재했기 때문에 아주 형편없는 변리사가 선임될 지도 모른다는 것이었다. 먼지를 뽀얗게 뒤집어 쓴 특허출원 서류가 눈에 그려지자 그는 몸서리를 쳤다.

"이 약품의 성분에 대해 좀 설명해 주시겠습니까."

"사실 저희 회사 내부방침으로 인해 성분에 대해서는 아직 공개할 수가 없습니다. 그저 저희 회사의 주요투자자인 빌 갬블 박사를 중심으로 비밀스럽게 연구 개발돼 왔다는 것과 그만큼 획기적인 물질임에는 틀림없다는 사실만 알아주셨으면 합니다."

그녀의 얘기를 들으며 고개를 든 순간, 이쪽으로 걸어오는 갬블을 보았다. 그와 마주치고 싶지 않아 그는 황급히 전시장을 빠져 나왔다.

출근하자마자, 호크는 긴급회의를 소집한다는 메시지를 짤저에게 보냈다. 마침 짤저는 카탈로그가 잔뜩 든 가방을 메고 뛰다시피 연구실 안으로 들어왔다. 그는 입을 벌린 채 벌겋게 달아오른 얼굴을 매만지며 호크의 책상 옆으로 다가왔다.

"호오크 박사님. 갬블이 우리걸 팔아 먹었어요. 콩코드에 팔았다구요. 여기여기 좀 보십쇼. 그게 벌써 나왔습니다. 갬블이 글쎄……."

그는 제대로 말도 못하고 악만 쓰고 있다.

호크는 어제 박람회에서 직접 보고들은 전부를 이야기한 뒤, 그와 함께 사장실로 향했다. 직접 사장을 만나서 진실을 이야기해야 한다는 생각뿐이었다. 그러나 짤저는 종전과는 달리, 갬블 부장에게 먼저 확인부터 한 뒤에 사장을 만나야 하는 것 아니냐며 겁먹은 듯 내내 중얼거린다.

호크는 분을 참을 수가 없다. 프로젝트 매니저들로 인해 연구진은 최고경영진과 직접 만날 수조차 없는 것이다. 심지어 짤저

같은 선임연구원조차 그들의 허락없이 한 번도 사장을 만나본 적이 없다는 것에 더욱 화가 치밀었다.

"저는 사장과 입사했을 때부터 알던 사이입니다. 대주주의 딸과 결혼을 하면서 사장자리에까지 오르게 됐지만 사장도 평범한 직장인이었습니다. 사장도 말단 사원부터 시작했죠. 그 대주주가 요트라면 광적으로 좋아했는데 사장과 우연히 취미가 같아서 하루 아침에 사장실 직행 엘리베이터를 타게 된 것이죠. 운이 아주 좋았죠. 근데 제가 보기에 사장의 요트실력은 형편없는 것 같습니다."

호크는 일부러 큰 소리로 웃으며 짤저의 기분을 돋워 주었다.

✸✸✸

생각했던 것과 달리, 윌리 스틴 사장은 그들을 반갑게 맞았다.

연구실과는 대조적인 사장실은 그야말로 별천지였다. 화려한 바다 풍경들이 벽에 걸려 있고 장식장에는 요트 트로피들로 넘쳤다. 게다가 넓은 회의 탁자에 놓여진 두 대의 LCD(liquid crystal display, 액정 디스플레이) 모니터는 주식시세와 함께 주간 요트소식과 날씨를 보여주고 있다.

호크는 사무실 어디에도 회사 이미지에 걸맞는 소품이 없다는 것을 깨닫고 의아했다. 사장실이라기 보다 흡사 요트클럽 회원을 위한 장소처럼 느껴졌다.

"호크 박사님. 정말 오랜만입니다. 신축 사옥이 마음에 드십니까."

어색한 웃음을 띤 채 말을 하고 있지만 사장은 줄곧 컴퓨터에서 시선을 떼지 못하고 있다.

까무잡잡한 피부에 마도로스 파이프를 입에 문 그는 마치 거대한 화물선의 키를 잡은 선장처럼 보인다.

"멋있습니다. 이왕이면 저희 연구시설도 신사옥에 걸맞게 바뀌었으면 좋겠습니다."

"연구실도 점점 나아질 겁니다. 지금은 비즈니스에 총력을 기울여야할 때가 아닙니까. 이 사옥이 우리 회사의 미래지향적인 이미지를 반영한다고 생각해보십쇼. 그런데 이 얘길 하려고 오신 건 아니죠"

짤저는 기다렸다는 듯 콩코드사의 신약 광고가 실린 카탈로그 한 부를 펼쳐 보였다.

"최근에 콩코드사가 출시한 신약 때문에 왔습니다. 이 약품은 사실 저희 미생물학 연구실에서 심혈을 기울여 개발한 제품입니다. 저희 제품은 현재 특허출원을 위해 준비중이고……."

"법제팀과 상의해 보셨습니까."

예상하지 못한 사장의 물음에 짤저와 호크는 아무 말도 할 수 없었다.

"이런 문제는 먼저 법제팀하고 상의를 하셨어야지. 비싼 월급

줘가면서 법제팀은 왜 만들었겠습니까."

"사실 사장님을 먼저 뵌 것은 이유가 있어서입니다. 현재 저희가 특허출원을 준비중인 제품이 콩코드사의 신약과 100% 일치합니다."

쨜저는 카탈로그에 적힌 광고문안들을 일일이 가리키며 일치되는 점들을 설명하기 시작했다.

"아니 그렇다면 콩코드사와 라이선스 계약을 해서 제조하면 되지 않습니까. 갬블 부장은 뭐라고 하던가요."

"갬블이 우리의 발명품을 콩코드사에 팔아넘긴 겁니다. 사장님."

그제서야 사장은 이 이야기에 관심을 갖기 시작했다.

쨜저는 번득이는 그의 파란 눈동자를 보며 그간에 벌어진 일들을 이야기했다. 특히 갬블의 사촌이 콩코드 실험실의 책임자이며 갬블이 콩코드사의 주요투자자라는 사실을 이야기할 때는 회의 탁자를 치며 목소리까지 높였다.

"지금 무슨 말씀입니까. 이건 경영진에 대한 악의적인 도전이라고 밖에는 생각이 안되는군요. 어떻게 그런 파렴치한 일을 경영진이 할 수 있겠습니까. 말도 안됩니다."

한동안 침묵이 이어졌고 사장은 창가에 서서 마도로스 파이프를 그러쥐었다. 창가에서 바라보는 드넓은 태평양은 그야말로 장관이었다. 약간의 시간이 흐른 뒤에야 사장은 자리에 앉아 차분한 목소리로 말했다.

"항해에는 옛부터 전해 내려오는 얘기가 있죠. '가능한 모든 수단을 이용해 위치를 확인하라.' 저 수평선에 뭐가 보였는지 아십니까. 우리 회사가 구질구질한 소송으로 인해 좌초되기 일보 직전이더란 말입니다. 갬블이 저지른 이번 일로 인해 우리 회사는 기나긴 소송에 휘말리게 될테고, 그렇게 되면 막대한 소송비용을 지출하고도 실추된 회사의 부정적인 이미지를 만회하기 위해 또다시 엄청난 투자비용을 지불하고 더구나 확실한 물증이 있다고 해도 주주들이 가만히 있겠습니까. 장차 회사가 입을 불이익까지 한 번 생각해 보십쇼"

"하지만 이 발명품은 수백만 불 이상의 값어치가 있습니다. 회사를 위해서 저희들도 연구에만 매달려 왔습니다. 치열한 생존경쟁에서 살아남기 위해서는 신제품 개발이 급선무니까요. 더구나 이 약품에는 우리 회사의 미래가 달려 있습니다. 절대 포기해서는 안됩니다. 사장님."

몇 분이 지나서야 쨀저 박사는 벌겋게 달아오른 얼굴을 쓸어내리며 자리에 앉았다. 호크 역시 자신도 모르게 쥐었던 주먹을 풀고 마른침을 삼켰다.

"물론 저 역시 잘 알고 있습니다. 그러나 솔직하게 전 사소한 싸움에 휘말리고 싶은 생각은 없군요. 수백만이 아니라 수천만 불이라 해도 소송을 하게 되면 그것 역시 그만한 시간과 돈이 든다는 점을 알아주셨으면 합니다. 저는 이 회사의 대표로서 사소한 싸움에 그만한 돈을 쓸 마음이 전혀 없습니다."

단호하게 말하는 사장 앞에서 쨀저와 호크는 아무 말도 할 수 없었다.

"CEO(최고경영자)의 최고 덕목은 바로 회사 경영진의 명예를 더럽히지 않는 것입니다. 최고 의사결정권자로서 얘기하겠습니다. 앞으로 이 문제에 대해 왈가왈부하는 일은 없도록 합시다. 솔직히 연구진들이 몰래 정보를 빼돌리고 갬블에게 누명을 뒤집어 씌울 수도 있지 않습니까. 이 문제는 이쯤으로 하고 그만 돌아가 주십시오."

"진실은 드러나게 마련입니다. 분명히 밝혀질 것입니다. 우리 연구진을 한낱 엉터리 경영진의 희생양으로 전락시킨다면 절대로 가만히 있진 않을 겁니다."

호크는 정면으로 사장을 쏘아보며 말했다.

사장 접견실을 나온 짤저와 호크는 아무 말도 하지 않았다.

❋❋❋

지난 금요일 오후에 공식 발표가 있었다. 주요 골자는 갬블이 콩코드사로 이직한다는 것이었나. 호크는 경솔한 사장을 욕하며 갬블을 만나기만 하면 가만두지 않겠다고 얘기해 왔지만, 사장의 결정이 없었다면 매일 갬블의 얼굴을 봐야할 터였다.

호크는 적어도 지금이 확인할 수 있는 마지막 기회라고 생각했다. 그는 웃는 얼굴을 감추지 못한 채 앉아 있는 갬블에게 다가가 물었다.

"떠나는 마당에 숨길게 뭐 있소. 손실보다 이익이 더 많을 것 같은데……. 메탈 콤플렉스에 대해 사장님이 뭐라고 하시던가요."

귓불까지 새빨개진 갬블은 호크를 뚫어져라 쳐다보며 말했다.

"호크 박사님도 이젠 돈되는 일에 좀 몰두해보십쇼. 경영진이 되면 기회도 많고 시야도 넓어지고 무엇보다 더 편하고 멋지게 살 수 있습니다. 회사에 대한 충성심이니 애사심이니 하는 것들은 낙오자들이나 품는다는 것, 명심하십쇼. 떠나기 전에 마지막으로 제가 조언 하나 할까요."

호크는 되려 큰 소리를 치며 얘기하는 그를 쳐다볼 뿐이었다.

"기회를 잡았다 싶으면 주저말고 냅다 챙겨서 도망치십쇼. 아셨습니까? 그럼 전 이만."

악수를 하고 그는 로비 밖으로 뛰어가는 갬블을 따라 나갔다.

회사 정문 앞에는 빨간 메르세데스 스포츠카가 서 있다. 호크는 차가 내뿜은 매연의 역한 냄새를 맡으며 도로 위를 바라보았다. 어느새 빨간 스포츠카는 사라지고 없었다.

## 제 2 장

# 폼생폼사

완벽한 외모는 당신의 미래를 빛으로 인도한다.
지금이라도 당신이 가진 시간과 돈 전부를 걸치장에 쏟아 부어라.


해외기술 공조부 샌디 샌더스 과장은 매일 거울 앞에서 아침을 시작한다. 특히 그는 늘 거울을 휴대하고 다닌다. 매일 거울을 보면서 자신의 외모를 평가하며 스스로를 대견하게 생각한다. 입사한 지 1년밖에 안됐지만 거울 속에는 항상 자신감 넘치는 미래 젊은 경영진의 모습이 보였던 것이다.

월요일, 샌더스는 여느 때처럼 '타인을 내 사람으로 만드는 방법'이라는 내용의 화술 테이프를 경청하며 운전하고 있다. 그는 콧노래까지 흥얼거리며 스피커로 흘러나오는 강연자의 목소리를 흉내낸다. 그때 마침 그의 의상 컨설턴트가 했던 말이 생각난다.

"완벽한 옷은 강력한 화술을 구사하는 것과 다름없습니다. 사소한 것 같아도 격에 맞는 옷은 좋은 인상을 풍기고 치밀한 경영 능력을 부각시켜 사업을 성공으로 이끄는 역할을 한답니다."

회사 로비에 도착한 그는 유리창에 비친 모습을 보며 옷매무새를 고친다. 180cm가 넘는 키에 운동으로 다져진 그의 몸은 어떤 옷이든 잘 소화해 냈다. 의상 컨설턴트가 권한 잿빛 줄무늬 슈트를 보면서 자신의 안목에 감탄하며 그는 엘리베이터로 향한다.

모든 것이 완벽하다. 구두는 반질반질하게 닦여 있고 실크셔츠에 매달린 노란 실크 넥타이 또한 탁월한 선택이다. 잠시 후에 있을 연구개발 담당 필 팍스 기술이사와의 면담 역시 순조로울 것으로 기대된다.

그는 다이아몬드가 박힌 화려한 손목시계를 보면서 연구실을 한 바퀴 둘러봐야겠다는 생각을 한다. 그의 직속 상관인 피에르 페르 박사가 해외 출장중인 지금이 그에겐 절호의 기회이다.

박사는 지금쯤 호주행 항공기에 탑승해 있을 터였다. 그를 대신해서 집행하게 될 많은 문제들이 모두 샌더스에겐 승진의 발판이 될 것이었다.

그는 설레이는 마음을 진정시키며 연구실 복도를 걷고 있다. 승진의 밑거름이 될 연구실이 점점 가까워지고 있는 것이다. 그러나 사실 가장 신경쓰이는 것도 바로 이 프로젝트이다.

페르 박사가 이끄는 연구팀은 현재 한국의 홍 주식회사와 공동으로 프로젝트를 진행하고 있었다. 복잡한 분자구조와 화학 공식으로 나열된 보고서와 데이터는 잘 이해되지 않았지만 매일 진행상황을 박사에게 보고해야 했다. 더구나 내일은 연구진이 준비한 리포트와 요약된 최근 자료 등을 수집해 직접 한국으로 날아가야 했다. 가서는 이번 프로젝트의 프리젠테이션을 직접 해야 하는 막중한 책임이 그에게 있었다. 떨리고 설레어 밤잠도 설칠 지경이지만 오히려 그는 이러한 상황을 즐기고 있던 터.

연구실로 들어선 그는 흰 가운들이 바쁘게 복도를 지나거나 모니터를 보거나 실험을 하는 등 쉴새없이 움직이는 모습을 지켜보고 있다.

샹 웡과 브리짓 코헨 박사는 그의 모습을 보고 웃음을 애써 참았다.

"이렇게 바쁜 모습을 뵈니 기분이 좋습니다. 홍 프로젝트건은 잘 되고 있습니까."

샌더스가 그들 옆으로 다가오며 환한 미소를 짓는다.

웡과 코헨은 다시 연구에 몰두한다.

"홍 프로젝트건으로 이번에 제가 한국에 갑니다. 그동안 우리 박사님들이 이룩한 성과도 알려주고 지금까지 한국 연구진들이 이룬 것에 대해서도 논의할 겸 해서요. 짧긴 하지만 되도록 전반적인 사항들을 알아볼 계획입니다."

"페르 박사님도 동행하시겠죠. 거스 페르스트 박사님도 가십니까."

웡과 코헨은 거드름을 피우며 허세라도 부리듯 거침없이 내뱉는 그가 마음에 들지 않았다.

이 분야의 권위자이자 세계적으로도 명성이 자자한 피에르 페르 박사가 그를 데려가면 모를까, 박사 학위도 없고 최소한의 화학 지식조차 없는 그가 한국에 가다니 있을 수 없는 일이다.

"아뇨. 두분 모두 출장중이라 시약 제조부의 선임 매니저와 미래기술개발부 매니저와 저, 이렇게 세 명이 갈 예정입니다. 미리 연구내용의 요약본도 보냈고 다들 연구 프로젝트의 전문 관리자들인 만큼 충분하다고 생각합니다."

최소한의 화학 지식조차 없는 그들이 도대체 연구내용 요약본만 가지고 기술적 부분과 연구진의 노하우를 어떻게 전달할 수 있겠는가.

윙과 코헨은 망치로 얻어맞은 듯 어안이 벙벙해졌다. 겨우 대학에서 미생물을 전공한 샌더스가 이 연구분야의 전문가들과 명성이 자자한 박사님들을 어떻게 이해시킬 수 있단 말인가.

"센서 필름에 사용될 우리 회사의 종합 소재와 현재 한국에서 개발중인 단분자 코팅에 대한 세부사항을 논의하려면 적어도 프리젠테이션은 연구진에서 맡아야 하는 것 아닙니까."

코헨은 페르 박사님이 자리를 비운 이때, 갑작스레 일을 진행시키려는 경영진의 저의를 알 수 없었다.

"연구진은 연구에만 몰두하라는 배려일 뿐이지, 뭐 심각하게 생각할 필요는 없습니다. 연구를 제외한 나머지 부분은 경영진들이 다 알아서 할테니까요. 더구나 이번 프리젠테이션을 위해 만반의 준비를 하고 있으니까 염려하지 않아도 됩니다."

"출발 전에 보고서를 모두 파악하고 갔으면 합니다. 몇 가지 꼭 알아둬야 할 내용들이 있으니까 간단하게라도 저희 연구진과 협의한 후에……."

"중요한 것은 모두 숙지했으니까 걱정마십쇼. 그럼 다녀와서 뵙겠습니다. 전 또 연구개발 담당 기술이사님과 미팅이 있어서 가야겠군요."

급하게 일어서려던 샌더스는 옷매무새를 고친 후 손목시계를 보며 천천히 밖으로 나간다. 윙과 코헨은 그의 뒷모습을 보며 씁쓸함을 감추지 못한다. 코헨은 칼럼 크로마토그래피(column chromatography)로 시선을 던지며 말한다.

"솔직히 한국 연구팀과의 공조 프로젝트나 망치지 않았음, 더 이상 바랄 게 없겠어요."

필 팍스 연구개발 담당 기술이사는 첫 눈에 샌더스를 마음에 들어했다. 특히 그의 옷차림은 누가 봐도 칭찬을 아끼지 않을 터였다.

"한국인이 관심가질 만한 중요한 데이터까지 모두 준비했습니다. 윙과 코헨 박사의 실험 데이터는 물론 이번 프로젝트의 핵심적인 연구파일과 프리젠테이션 관련 자료는 모두 컴퓨터 프로그램에 잘 보관돼 있습니다. 더구나 페르 박사님이 지시한 모든 것을 완벽하게 숙지하고 있으므로 한국에서 있을 프리젠테이션은 이미 한 것이나 다름없는 상태입니다."

말을 마친 샌더스는 서류가방에서 골프 초청장을 꺼냈다.

"저희 아저씨께서 운영하는 골프클럽의 초청장입니다. 이번 주말에 기술이사님과 골프를 치셨으면 좋겠다고 하십니다."

팍스는 기쁜 표정을 감추지 못한 채 초청장을 받았다. 이제 팍스와 샌더스는 정기적으로 열리게 될 경영진들의 미팅 건에 대한 이야기로 화제를 돌린다.

"앞으로는 분기마다 한 번꼴로 '심신단련의 날'을 정할 계획이네. 항상 과중한 업무에 시달리는 경영진들에게 하루 정도는 충분히 휴식을 주자는 취지야. 사장님께서도 흔쾌히 허락하셨지. 그래서 말인데, 이번에는 경관이 뛰어난 해외 골프장으로 가게 될 것 같네. 난 이번에 그동안 아껴뒀던 멜빵바지를 입고 갈까 생각중인데. 어떤가."

팍스는 알아채지 못했지만, 샌더스는 그의 말을 듣고 전율을 느꼈다.

사무실에 도착한 샌더스는 당장 의상 컨설턴트에게 전화를 했다. 그리고 언젠가 한번 본 적이 있는 '야심이 있는 매니저라면 상사가 살짝 힌트만 줘도 그것이 무엇인지 확실하게 읽어낼 수 있어야 한다.'는 구절을 기억해 낸다.

의상 컨설턴트는 그에게 부사장보다 멋지게 보이지 않게 입을 것, 그러나 센스있고 젊은 감성으로 멜빵바지를 소화해야 할 것 등을 주문했다. 또한 '강력한 전술'이라는 아이템으로 제작된 녹색 멜빵바지가 가장 인기있다는 것과 가급적 빠른시일 내에 방문해줄 것도 덧붙였다. 전화를 끊자마자, 그는 당장 의상실로 가야 한다는 생각만으로 몸이 달아 있었다. 그날 약속을 모두 취소하고 사무실을 나가려던 순간, 그의 비서는 해외에서 급한 전화가 왔다고 말한다.

"프랑스에 있는 비첨 인터내셔널 베산슨 박사의 전화입니다."

순간 페르 박사가 그에게 비첨사에 대한 어떠한 메시지를 남겼다는 사실이 떠올랐다. 초조해진 그는 어수선한 책상 위를 뒤지기 시작했지만, 어디에도 그와 관련한 메모지 하나 발견할 수 없었다. 아무리 생각해도 생각나는 것은 아무 것도 없었다.

**"면역 생물학(immunoassays)에 대한 계약 건으로 전화했습니다만……. 면역 생물학에 대한 라이선스 계약을 아직도 저희와 체결할 의향이 있다면 저희 회사는 기꺼이 받아들이겠습니다. 라이선스 계약을 우리와 하시겠습니까."**

불어 발음이 잔뜩 묻어나는 영어를 그것도 제대로 들리지도 않는 전화선을 통해 듣고 있자니 점점 화가 치밀어 올랐다. 빨리 끊고싶은 생각뿐이었다.

"우린 그런 라이선스는 계약할 마음이 없습니다."

**"페르 박사님이 직접 면역 생물학의 라이선스 계약 건에 대해 여러 차례 전화하고 확인한 것으로 알고 있습니다만……."**

불어 발음인지, 영어 사투리인지 알 수 없는 국적불명의 언어는 이제 더듬거리기까지 하며 저 혼자 지껄이고 있었다.

"마음대로 하십쇼. 우리는 당신네 없이 혼자서도 아무 문제없으니까."

샌더스는 전화를 끊어버렸다.

무슨 말을 어떻게 지껄인 줄도 모르고 그는 황급히 사무실을 빠져나갔다.

***

화요일, 정오가 지나서야 샌더스는 회사에 출근했다. 그는 사무실에 도착하자마자 컴퓨터 앞에 앉아 웡과 코헨의 보고서 폴더를 찾아냈다.

'홍 인터내셔널 벤처'라는 폴더가 눈에 띄었다. 폴더 안에는 몇 가지 화학공식과 관련 자료가 빼곡하게 정리돼 있다. 그 중에 최근 자료를 열어 연구진이 건넨 파일과 비교해 보며 고개를 끄덕인다. 프로그램에 저장된 데이터는 기본 분자구조 여기저기에 원 같은 형상이 몇 개 더 추가된 것 외에는 크게 달라진 것이 없었다. 화학 공식은 예전 자료와는 달라져 있었지만 별반 차이가 나는 것 같지도 않았다. 또 '홍 인터내셔널 벤처' 폴더에도 새로 추가된 내용은 없는 것 같았다.

그사이 달라진 내용이 없다면 분명 웡과 코헨에게 직접 들어봐야 했지만 시간도 없고 연구실까지 걸음하기도 귀찮은 생각이 들었다. 더구나 대충 훑어보니 분자구조며, 화학공식이란게 그리 복잡하고 어렵기만한 것은 아니었다.

그는 흰 종이를 꺼내 쓱쓱 그림을 그리기 시작했다. 그리고 페르 박사가 준비해 놓은 최근 보고서의 요약본과 공식 발표 텍스트에 방금 그린 그림까지 챙겨 가방에 넣었다. 이제 한국에서 있을 프리젠테이션은 그의 손아귀에 있는 것이다.

그는 자신이 직접 해외출장에 필요한 서류준비를 완료했다는 사실이 뿌듯했다. 이제 몇 시간 뒤면 한국행 항공기 안에서 달콤한 잠에 빠져 있을 것이었다.

정신없이 오후 일과를 끝내고 샌더스는 한국행 항공기에 올랐다. 잠이라도 자둘 생각이었지만 좀처럼 잠은 오지 않는다. 아무리 생각해도 컴퓨터에 저장된 연구 폴더가 방치돼 있다시피 했던 것이 마음에 걸린다. 무려 두달 동안 진행된 연구결과를 기입하지 않았다는 점도 그렇고, 그전 서류들과 별반 달라진 것이 없다는 점도 그로서는 이해할 수 없다.

이런 사실을 시약 제조부의 선임매니저에게 털어놓자, 그는 샴페인을 권하며 매니저의 역할에 대해 장황하게 늘어놓고 있다.

"프로젝트에서 제일 중요한게 뭔지 아십니까. 바로 프로젝드의 모든 컨셉을 완벽하게 파악하는 매니저의 역할입니다. 샌더스씨처럼 유능한 전문가가 없다면 경영진들이 무슨 수로 프로젝트의 진행상황을 알겠습니까. 전문적인 지식은 물론 관리능력에, 탁월한 외모까지 재색을 고루 겸비한 샌더스씨야말로 뛰어난 매니저이고 말구요"

미래기술개발부의 매니저도 고개를 끄덕이며 술잔을 높이 치켜들어 건배를 권한다.

샌더스는 잔을 부딪히며 연거푸 몇 잔을 들이킨다. 그들은 계속 술을 권했고 샌더스 역시 기쁨을 감추지 못하며 몇 잔인가를 더 마신다. 기분 탓인지 취기가 빨리 느껴지지만 나쁘진 않다. 그는 몸을 뒤로 젖히고 멀리 내다뵈는 구름과 바다로 시선을 던진다. 어지럽다. 알코올 기운이 체내에 퍼지며 나른함을 느낀다. 자리는 불편하고 머리도 어지럽긴 하지만 윌리 스틴 사장도 부럽지 않을 만큼 기분은 최고이다. 이제 최고 경영진이 될 날도 머지 않았다는 생각에 저절로 웃음이 지어진다.

✳✳✳

수요일. 홍 인터내셔널 관계자들은 연구소와 제조시설 등 이번 프로젝트와 관련된 연구시설을 안내했다. 그러나 샌더스의 회사 대표단은 시설물에 대해서는 관심조차 없는 눈치다. 연구진의 기대와는 달리, 그들은 줄곧 한국의 관광이나 쇼핑에 관해서만 묻고 있다. 이번 방문단에 대해 남다른 기대와 관심을 가졌던 홍 측은 실망을 감추지 않고 있다.

샌더스가 프리젠테이션을 준비하는 사이, 두 매니저가 다가와 한국의 도자기에 대한 정보를 나누고 있다. 그때 홍 측의 연구진들이 삼삼오오 회의실로 들어온다.

연구팀의 김 박사가 들어오자 샌더스는 급하게 그를 불러 세운다.

"최고급으로 양복과 셔츠를 맞추고 싶은데, 제일 좋은 곳으로 안내 좀 해주시겠습니까. 박사님도 아시겠지만, 저희가 이틀밖에 시간이 없잖습니까. 그 안에 다 해야해서 마음이 급합니다."

김 박사의 웃는 얼굴은 무표정하게 바뀌어 있다. 그는 아무 말 없이 고개만 끄덕이다 자리에 앉았다.

"그런 것은 비서가 알아서 할 일이고 이제 샌더스씨가 준비한 프리젠테이션을 듣고 싶군요"

홍 인터내셔널의 자문역인 서울대학교 화학과 박 교수가 말했다.

인상을 찌푸린 채 샌더스는 자리에 앉아 인쇄물을 넘기며 설명하기 시작한다.

"우리는 상당한 양의 감광재 물질을 합성하는데 성공했습니다. 보시다시피 산출량의 80% 만으로도 필름을 코팅할 수 있고 감광재 분자구조를 완성한 최근의 연구결과에서 알 수 있듯이……."

"여기 분자구조가 잘못된 것 같은데요. 이 필름 물질하고는 전혀 상관없는 구조인데. 친수성(親水性) 카르복시기(carboxyl group)의 고리 형태는 소수성(疏水性) 필름 물질처럼 단층을 형성하지 않고 수용액에 남아 있으려는 성질이 강하다는 얘깁니다. 이런 화학구조는 나올 수가 없어요"

흥분한 박 교수는 샌더스의 설명이 끝나기도 전에 문제를 제기하고 나섰다. 이어 김 박사와 다른 연구진들이 웅성거리며 말을 이었다.

　"샌더스씨. 뭔가 착오가 있었던 것 같은데. 잘못된 구조일뿐더러 화합물에 관련한 내용도 잘못돼 있습니다. 소수성 분자이기 때문에 이런 화학구조가 성립될 수도 없고 더구나 이 리포트에는 인장강도(tensile strength)로 언급이 돼 있는데, 저희 연구팀에서 제기했던 것처럼 파단강도(fracture strength)이어야 합니다. 이 문제는 이미 논의가 끝난 걸로 아는데요"

　샌더스는 사태 해결을 위해 동료 매니저들에게 눈짓으로 사인을 보냈지만, 되려 그들은 연구진을 한 명이라도 데려 왔어야 했다며 투덜댔다. 그들은 회사로 돌아가면 무어라고 보고해야 좋을지에 대해 속닥거리고 있다.

　샌더스는 연구진들이 하는 얘기를 이해할 수가 없다. 어려운 전문용어들은 그를 궁지로 몰았다. 순간 그는 자신이 할 수 있는 것은 아무 것도 없다는 사실을 깨달았다. 무슨 말을 할 수 있겠는가.

　연구팀의 김 박사는 물론이고 특별히 초빙된 각 분야의 권위자들과 학계 전문가들 역시 회사 대표단의 불성실함과 무책임함에 단단히 화가 났다.

　그러나 샌더스는 연구진들이 엉터리로 보고서를 작성해 자신이 대신 곤욕을 치렀노라며 불평을 늘어놓고 있다.

　김 박사는 그의 말을 듣고 더는 가만히 있을 수 없었지만, 참석한 외부인사들로 인해 어쩔 수 없이 꾹꾹 참고있다. 무엇보다 기본적인 예의나 지식조차 갖추지 못한 사람들을 선임한 회사측이 더욱 괘씸했다.

❀❀❀

목요일. 모처럼 날씨가 화창하다.

김 박사는 출근하자마자 거스 페르스트 박사에게 급하게 전화를 했다.

같은 시간, 페르스트는 웡과 코헨의 연구 결과를 놓고 논의 중이었다. 한국에서 걸려온 전화라는 얘기에 웡과 코헨도 귀가 솔깃해졌다. 더구나 상대방의 목소리가 얼마나 컸던지 그들은 직감적으로 샌더스가 일을 저질렀다는 데에 생각이 미쳤다.

페르스트는 내내 믿기지 않는다는 표정이었지만 몇 번이고 진심으로 미안하다는 말을 한 뒤에야 전화를 끊었다.

"샌더스가 우리 프로젝트를 완전히 망쳐버릴 뻔했다네. 도저히 믿기지 않는 것은 사네 두 사람이 엉터리 보고서를 작성했다고 말했다는 거야."

웡과 코헨은 기분이 몹시 상한 채로 그간에 있었던 일들을 페르스트에게 설명했다.

퇴근 무렵이 돼서야 페르스트는 호주에서 돌아온 페르 박사에게 샌더스가 저지른 일들에 대해 알려주었다. 그리고 그들은 곽스 기술이사를 만나야 한다는 데에 의견일치를 보았다.

✾✾✾

　　　**팍스 기술이사는** 반갑게 인사하며 두 박사와 악수
했다.

커다란 마호가니 소파에 앉자마자 페르는 샌더스가 한국에서
저지른 일에 대해 단도직입적으로 말했다.

평소 페르를 못마땅하게 여기던 팍스는 그의 거침없는 말투
와 제스처가 과장되었다고 생각한다. 그 역시 샌더스가 치밀하
게 준비한 연구자료와 파일들을 검토하지 않았던가. 완벽한 수
준은 아니었지만 제법 깔끔하고 빈틈없이 준비했음은 분명했다.

페르는 유기화학 분야에서는 명성이 자자할 정도로 유명한
인물이다. 거기에 명문대 출신인데다 두 개의 박사학위까지 갖
고 있는 영락없는 연구진임에도 뛰어난 관리능력까지 인정받고
있어 최고경영진들도 그의 입김에 휘둘릴 지경이다.

"샌더스가 왜 그런 일을 저질렀는지 이해는 가지 않습니다만,
본인이 처음부터 추진했던 일도 아니고 페르 박사님을 대신해서
일을 집행하다가 실수한 게 아닙니까. 전적으로 그의 잘못으로
만 몰고가는 것은 불합리하다고 생각하는데요. 그가 명문대 출
신도 아니고 그 알량한 박사 학위도 없다고 속단하시는 겁니까."

페르는 이미 경영진들이 왈가왈부하는 학위나 출신대학 따위에 익숙해져 있었다. 특히 그들이 툭하면 지껄이는 비즈니스니, 경영진의 미래니 하는 것에 대해서는 이미 심드렁했다. 또 팍스가 유독 자신에 대해서는 으르렁거리며 사소한 일에도 트집을 잡는다는 사실도 알고 있었다.

그는 이 회사에 대해 염증을 느끼고 있었다. 이번 출장에서의 성과 중에 가장 마음을 끄는 것은 몇몇 대규모 업체에서의 스카우트 제의였다. 그중에는 평소 그가 마음에 두고 있었던 업체도 끼어 있었다.

"샌더스가 한국과의 공동 프로젝트 건을 엉망으로 만들었단 말입니다. 언제까지 그를 감싸고 돌 겁니까."

페르스트는 참다못해 소리를 버럭 질렀다.

그러자 팍스는 연구진들이 엉터리로 작성한 보고서로 인해 그가 많은 한국인들 앞에서 망신을 당했다며, 오히려 이번 프로젝트의 책임자중 한 사람으로서 그에게 공식적으로 사과를 했느냐고 추궁했다.

"이번 일은 샌더스가 프로젝트에 대해 기본적인 전문지식조차 숙지하지 않았기 때문에 빌어진 문제입니다. 프로젝트 매니저라면 연구자료와 화일만으로도 충분히 프리젠테이션을 성공시킬 수 있어야 한다고 봅니다. 일을 그르친 사람이 누군데 그런 식으로 우리 연구진들을 폄하하는 겁니까."

페르스트는 샌더스를 옹호하는 팍스가 어떻게 기술이사라는 직함을 갖게 됐는지 의아했다. 특히 회사에 불이익을 준 샌더스를 왜 감싸고 도는지 알 수 없었다.

"적어도 연구진은 매니저에게 프로젝트에 대한 모든 것을 숙지시켜야 하는 것 아닙니까. 다시 말해서 연구진을 대신하는 데에 필요한 모든 것을 준비시켰어야 했다는 겁니다. 그렇게 보면 연구진의 근무태만으로 인해 일이 이렇게 된 것 아닙니까."

"그건 억지 주장입니다. 연구진은 해당 분야의 최고 전문가입니다. 샌더스같은 친구는 최소 50년은 공부해야 그런 수준에 이를 수 있을 겁니다. 감히 말하건대, 기술 프로젝트를 총괄한다는 미명하에 샌더스같이 어리숙한 신참들을 고용해서 회사의 대표 이미지에 먹칠하고, 연구진의 혼이 담긴 자료를 우습게 만드는 이런 어리석은 작태는 이제 그만둬야 합니다. 앞으로는 전문 연구진이 직접 프로젝트 매니저로 참가해서 회사를 대표할 수 있도록 기회를 줘야 마땅합니다."

"그것은 회사 경영진이 결정할 문제입니다. 또 회사정책과는 정면으로 상충되는 것이기도 하구요. 연구진에게 비즈니스를 맡기다니요. 경영마인드도 없이 그저 기술적인 사소한 문제에만 매달리면 회사 경영이 어떻게 되겠습니까. 어쨌든 이건 경영진이 알아서 할 문제입니다. 그리고 회사는 앞으로 샌더스가 전문적인 경영지식과 경험을 쌓을 수 있도록 적극적으로 도와줄 작정입니다. 경영진들은 그를 미래의 경영진으로서 손색없는 인물이라고 평가하고 있습니다."

페르스트는 적어도 샌더스의 얼굴을 보지 않아도 된다는 생각에 어색한 웃음을 지어 보였다.

부사장실에서 나오면서부터 내내 페르는 굳은 표정이다. 그는 지금이야말로 결연한 의지를 실천할 때라고 생각했다. 사무실에 도착하자마자 그는 마음에 두고 있었던 업체로 전화를 걸어 수락의사를 밝혔다.

# 미팅만이 살길이다

거액의 산업스파이 제안을 받아 본 경험이 있는가.
경쟁업체와의 기업합병을 추진중이라면, 주목하라.
획기적이고 기발한 방법으로 거저 먹을 수 있는 사례가 바로 여기에 있다.


　　　이번 프로젝트는 그야말로 초대형 연합 프로젝트
의 형태로 추진될 것이라는 회사의 발표가 있은 후, 연구개발부
는 열정으로 가득 찼다. 사내 연구진들 대부분이 공동으로 참여
하게 될 이번 프로젝트에 대해 연구개발부 연구진들은 모두 열
의를 불사르고 있었다.

　　"이번에는 뭔가 확실하게 수익을 올릴 수 있을 것이라는 생각
이 듭니다. 좀처럼 볼 수 없는 대규모 프로젝트여서 회사에서도
많이 기대하고 있구요. 저 역시 총 책임자로서 사명감마저 생기
는군요. 연구진이 프로젝트의 총 책임자를 맡은 것은 정말 전무
후무한 일이 아닙니까."

　　로봇 공학의 전문가로서 이번 프로젝트의 총 책임자를 맡게

된 프랭크 정 박사는 자부심에 찬 목소리로 말했다. 전자공학 엔지니어인 제이크 번과 고분자화학(polymer chemistry)실의 책임자인 조지 트렌트 박사 역시 그의 말에 고개를 끄덕였다.

그들은 지금 막 법제팀에 특허출원에 필요한 기술 데이터와 관련 서류를 제출하고 나오는 길이다.

"최고경영진도 이번에는 연구에 투자하는 것이 얼마나 가치 있는 일인지를 크게 깨닫게 될 겁니다."

함께 점심을 먹기로 한 그들은 로비로 향했다.

로비에는 게시판을 보며 웅성거리는 동료 연구진들이 모여 있다. 190cm가 넘는 장신인 번이 트렌트와 같이 게시물을 보며 이번 프로젝트의 매니저가 바뀐 것 같다고 말한다.

"북미 센서 엔지니어링 부에서 전근을 온 제리 조트씨가 현재 진행중인 '고분자 증폭형 스마트 센서 프로젝트'의 매니저로 합류하게 되었음을 알린다고 쓰여 있네요. 제리 조트가 누굽니까. 정 박사님."

정은 금시초문이었다. 팍스 기술이사와 프로젝트 매니저에 대해 논의한 일도 없었을 뿐더러 팍스가 직접 그에게 '이번 프로젝트의 성격상 연구개발부의 정 박사를 기술전문 매니저로 선임해 진두지휘해 줄 것'을 당부하지 않았던가.

번은 게시판에서 얼굴을 돌리며 냉소적으로 말했다.

"프로젝트 매니저라는 바이러스도 헤르페스(Herpes)처럼 신경 세포에 숨어 있다가 은연중에 나타나 스트레스를 주는군요."

번의 말대로 프로젝트 매니저 바이러스는 아침부터 짜증을 만들었다.

이튿날 아침, 세 명의 연구진 앞으로 서한이 도착했던 것이다. 발신인은 제리 조트였다. 그는 이번 프로젝트의 총괄 책임자로 선임된 프로젝트 매니저라며 자신을 소개했다. 그리고 서한을 받는 즉시 자신의 사무실로 직접 방문해줄 것을 덧붙였다.

사무실에서 나오는 햇빛은 복도 끝까지 환하게 비추고 있다. 열려진 문 앞에서 그들은 머리가 하얗게 센 조트가 정신없이 타이핑을 하는 모습을 바라보고 있다. 그는 들어오라는 손짓을 한 뒤, 다시 모니터만 쳐다볼 뿐 아무 말도 하지 않는다. 연구진 역시 아무 말도 할 수 없었다.

이윽고 컴퓨터에서 요란한 알람소리가 들린 후에야 그는 세 명의 연구진을 차례로 쳐다보며 구석에 마련된 테이블로 안내한다.

"전 무엇보다 시간약속을 가장 중요하게 여깁니다. 정확히게 시간을 지켜주십쇼"

그는 악수를 청하며 정식으로 인사를 나눈 뒤, 앉자마자 다시 말을 이었다.

"제가 프로젝트 매니저로 있는 이상, 제가 결정한 모든 사항은 틀림없이 지켜져야 합니다. 특히 연구개발 마감일자는 무슨 일이 있어도 지키셔야 하고 프로젝트 진행상황을 철저하게 점검할테니까 이번 프로젝트가 차질없이 추진될 수 있도록……."

"지금까지 일체 지연되는 일없이 일사불란하게 진행해왔습니다. 연구개발 담당 기술이사도 지금까지 해오던 방식대로 추진하라고 하셨구요."

정은 최근까지 진행돼온 프로젝트의 요약본을 그에게 건네며 프로젝트 매니저는 필요없다는 의중을 비쳤다.

그는 아랑곳하지 않고 요약본을 넘기며 말을 이었다.

"프로젝트와 관련된 모든 것은 제게 반드시 보고해야 합니다. 연구진과 경영진 사이에 발생할 수 있는 여러 문제들을 책임지고 원활하게 소통되도록 하는 것이 제가 프로젝트 매니저로 부임한 직접적인 이유입니다. 그리고 저와 여러분의 의사소통은 주로 미팅을 통해서 이뤄지게 됩니다. 처음 2주는 매일매일, 그리고 3주부터는 이틀에 한 번꼴로 미팅 스케줄을 잡았으니까, 시간은 틀림없이 지켜주십쇼."

세 사람은 분단위로 촘촘히 나뉘어진 미팅 스케줄을 보고 있다.

"그럼 연구는 언제 합니까. 연구는 미팅으로 되는 게 아닙니다. 잠자는 시간도 줄여서 연구만 몰두해야 될 이 마당에 무슨 미팅입니까. 프로젝트 하나를 성공시키려면 수없이 많은 시행착오와 실험과 연구를 반복해야 하는데, 어떻게 스케줄대로 미팅을 한단 말입니까."

흥분한 세 사람은 열을 올리며 미팅 스케줄에 대한 그들의 결연한 의지를 밝혔다.

"그렇다면 실험 스케줄을 이 미팅 스케줄에 맞춰서 다시 짜십시오. 만약 각자 자신의 실험 스케줄대로 일을 해야 한다면 그 문제에 대해서는 다음 미팅때 논의하도록 하죠. 오늘 미팅은 이것으로 마칩시다. 저도 스케줄이 있으니까요."

❀ ❀ ❀

그로부터 3개월이 흘렀다.

동료 연구진들이 '고분자 증폭형 스마트 센서 프로젝트'를 '미팅 프로젝트'로 바꿔 부를 만큼 미팅은 끝없이 이어졌다.

미팅으로 인해 연구작업이 중단되는 일은 있어도 연구를 위해 미팅이 취소되는 경우는 없었다. 심지어 며칠 전에는 기술조수 (technical assistant)부터 사외 초빙연구진에 이르기까지 '사기진작 미팅'이란 미명하에 무려 이틀간이나 모든 연구활동이 중단된 적도 있었다. 또 미팅으로 인해 알 필요도 없는, 이를테면 사내에 회의실은 총 20개가 있고, 5년 전에도 같은 형태의 연합 프로젝트가 시도됐었다는 사실조차 알게 되었다.

무엇보다 그들은 호텔이나 식당, 심지어 연구진이 전혀 알지도 못하는 사무실에서조차 미팅을 가졌다.

연구진들은 절망에 빠져있다. 항의는 물론이고 동맹파업까지 단행해봤지만 미팅은 줄어들기는커녕 시간이 갈수록 점점 늘어만 갔다. 그들의 요구를 들어주는 사람은 아무도 없었다.

그동안 수도 없이 미팅을 했지만 프로젝트 추가비용 지급이나 기술인원의 추가지원에 대한 요청은 철저히 무산되었다.

여느 때와 같이 정확한 시간에 다시 모인 연구진에게 조트는 프로젝트의 중요성을 역설하면서 프로젝트를 위한 로고를 만들어 뱃지와 스웨터, 티셔츠, 넥타이 등에 새기자는 얘길 하고 있다.

더는 못참겠다는 듯, 정 박사는 벌떡 일어나 이의를 제기한다.

"오늘 오후부터 중요한 실험이 있습니다. 무슨 일이 있어도 내일 오전까지 샘플 분석을 끝내야합니다. 안그러면 며칠동안 작업했던 것들이 모두 수포로 돌아가고 맙니다."

"그럼 미팅이 없는 시간을 골라서 하십쇼. 이런 식으로 미팅에 불참하려 하면 곤란합니다. 샘플 분석이 제대로 될 수 있도록 다른 방법을 강구해 보십쇼"

조트는 오히려 화를 내며 소리친다.

이에 정 역시 질 수 없다는 듯 목소리를 높인다.

"그런 것에 쓸 돈이 있으면 연구시설에 좀 투자하십쇼. 신속하고 정확한 측정과정을 위해서는 무엇보다 분광계(分光計)에 연결하는 어댑터(flow cell adapter)가 꼭 필요하다고 몇 번이나 얘기했습니까."

"정 박사. 답답하십니다. 지금까지 아무 문제없이 잘 진행돼왔는데 왜 자꾸 문제를 일으키는 겁니까. 정 박사의 태도에 대해서도 미팅을 가져야겠군요"

대화를 듣고 있던 트랜트와 번은 조트의 말투와 태도에 기가 막혔다.

"지금 프로젝트가 제대로 진행되고 있는지 방향도 못잡고 있지 않습니까. 툭하면 이 놈의 미팅을 하는 바람에 실질적인 연구 진행은 도무지 이뤄지질 않고 있단 말입니다. 그동안 파업까지 불사했었는데 잘 진행돼 왔다는 말이 나옵니까."

그들이 무슨 말을 지껄이든 자신은 알 바 아니라는 듯, 조트는 타이핑을 치고 있다.

연구진은 모두 조트의 프로젝트 미팅에 질식된 상태이다. 그의 미팅에 질식된 연구진 가운데는 다른 연구소로 자리를 옮긴 사람도 있었고 심리치료를 받는 사람, 또 그가 회사를 도산시키기 위해 급파된 산업스파이라는 괴소문을 믿는 사람도 생겼다.

그러나 그들 대부분은 자신의 연구열정과 패기가 '미팅으로 인해……' 모두 소진돼 버렸다는 데에 생각이 같았다.

그러던 어느 날 모두가 예상했던 불가피한 일이 벌어지고 말았다.

**팍스 기술이사는** 결단을 내렸다. 새로운 예산안을 짜야한다는 것.

때문에 조트가 이끌던 '고분자 증폭형 스마트 센서 프로젝트' 는 팍스의 제단에 첫 번째 희생양으로 지목됐다. 이유는 약속한 성과물이 없어 폐기가 불가피하다는 것. 조트는 팍스와 으레 그래왔듯이, 골프를 치며 경영관리 미팅을 하는 중이다.

"이 방법은 제조부와 생산부에서는 상당히 좋은 성과를 올렸습니다. 제가 지시한 사항에 대해 모두 꼼꼼히 챙겼을 뿐 아니라 모두 열심히 노력했기에 가능했다고 판단됩니다. 그러나 말씀드렸던 대로 연구원들을 대상으로 한 미팅 프로그램은 철저한 계산과 계획 아래 추진됐음에도 수준미달의 효과를 거두는데 그쳤습니다. 회사가 왜 그런 사람들에게 월급을 주면서 일을 시키는지 저로서는 도대체 이해가 되질 않습니다."

"자네가 그동안 얼마나 애를 썼는지 잘 알지. 이젠 프로젝트도 취소됐고 그 사람들도 느끼는 바가 클테니 너무 상심말게. 나는 자네 덕분에 그 기나긴 프로젝트 이름을 다 외울 지경이라네. 그동안 수고했네. 조만간 이번 일에 대한 자네의 수고를 작게나마 치하할 일이 생길 것 같으니까 마음 풀고"

말을 마친 팍스는 큰 소리로 웃으며 그의 등을 쓰다듬었다.

며칠 후, 최고경영진은 프로젝트 매니저와 몇몇 다른 관리 매니저들의 의견을 적극적으로 수렴해 '고분자 증폭형 스마트 센서 프로젝트'를 만장일치로 폐기했다는 공문을 각 연구실과 사무실로 보냈다.

선임연구원들 사이에는 이번 프로젝트의 폐기를 두고 여러 얘기들이 오고갔다.

폐기된 가장 큰 원인으로는 제리 조트의 미팅으로 인해 연구실적이 미미했다는 점을 꼽았지만, 그 무렵 경쟁사에서 이 프로젝트로 특허출원에 성공했기에 폐기된 것이라는 소문이 돌아 모두 분통을 터뜨렸다. 이로 인해 조트가 산업스파이라는 얘기가 다시 수면위로 떠올랐으나 선뜻 문제를 제기하는 사람은 아무도 없었다.

한편 프로젝트가 폐기되던 같은 시기에 제리 조트는 승진을 했으며 아마 미북동부로 가게될 것 같다는 전자우편이 모든 연구원들에게 도착했다.

이 전자우편에는 다음과 같은 글도 적혀 있었다.

**'고분자 증폭형 스마트 센서 프로젝트'의 명복을 빌며**

영원히 가버렸구나.
너와 함께
내 연구 열정도 가버렸구나
제리 조트의 미팅 늪에 빠져
끔찍한 절규로 변해버린
너의 명복을 빈다.

제4장

# 재주는 곰이 부리고 돈은 사람이 챙긴다

열심히 일한 당신, 떠나라.
열심히 일한 사람과 친해진 당신, 떠나라. 그 사람 몫까지 모두 챙겨서……

채드 브룬스윅 박사는 5년 전, 어느 날을 회고하고 있다. 그날도 오늘처럼 보름달이 사위를 환하게 밝혀주고 시원한 미풍이 불었었다.

새로운 연구과제 하나가 그의 뇌리를 스치고 지나간 그 밤에, 그는 앞으로 몇 년이 걸릴 지도 모를 이 프로젝트에 사활을 건 것이다. 그리고 긴급하게 구성한 프로젝트 연구진과 함께 5년을 보냈다.

그동안 그는 새벽 3시면 일어나 연구실에 틀어박혀 12시간 이상을 꼬박 일했고 수많은 주말과 휴일 역시 연구에만 몰두하며 보내왔다. 지난 5년이란 긴 시간을 그는 '광섬유 회로 프로젝트'를 위해 살아왔다.

그럼에도 가족들은 그에게 싫은 내색 한번 하지 않고 오히려 용기를 북돋워주며 그를 위로했다.

그는 큰 소리로 아내를 불렀다. 이번 프로젝트의 큰 수훈자인 그의 아내와 이 기쁨을 나눠야 한다는 생각에, 그는 아내를 다시 불렀다.

그의 아내 역시 대학에서 연구를 하고 있다. 아내가 이해해주지 않았다면 이렇듯 예상한 것보다 빨리 이 프로젝트를 완성해내지는 못했을 것이다.

사실 '광섬유 회로 프로젝트'를 처음 시작한 5년 전에는, 대단히 독창적이고 독특한 프로젝트로 평가받았었다. 특히 당시 회사가 출시한 차세대 고감도 장치에도 필수적인 것으로 기대돼 대단한 성공을 예감했던 프로젝트였다. 당시 평가대로 라면 '광섬유 회로 프로젝트'는 한 해에 1천만 달러 이상의 수익을 실현시킬 고부가가치 사업이었던 것이다.

"여보. 아직도 미련을 버리지 못한 거에요."

아내의 말에 브룬스윅은 테이블 위에 있는 하얀 플라스틱 선물상자에서 시선을 떼었다가 다시 바라본다. 상자에는 '특허번호 미국 567432. 광섬유 회로 발명에 획기적인 기여를 한 채드 브론스왁크 박사의 노고를 인정함.'이라는 글자가 찍혀 있다.

"그 회사에 그렇게 오래 근무했는데도 어떻게……. 다른 것은 몰라도 적어도 당신 이름만큼은 정확하게 썼어야 하잖아요."

아내는 아직도 불만이 많다.

"사장이 제대로 읽지를 못해."

서늘한 바람 결에 귀뚜라미 울음소리가 들린다.

아내는 그의 머리를 쓸어 올리며 이마에 패인 주름을 만지작거린다. 눈이 감긴다.

지난 5년 동안의 일들이 하나씩 머릿속에 떠오르는 것만 같다.


❀❀❀


"······ 비록 안정성과 감도(感度) 수치는 기대했던 수준만큼 오르지 못했지만······."

브룬스윅은 스크린의 도표를 가리키며 설명했다. 그때 이번 프로젝트 매니저로 선임된 딕 프랭크가 그의 말을 끊는다.

"그렇다면 무슨 심각한 문제라도 있단 말입니까. 저를 속일 수 있다고 착각하지 마십쇼. 이래봬도 15년 이상 프로젝트 매니저로 있었습니다. 회로 시스템의 구조에 대해서 얘기합시다. 엉성한 구조 때문에 망친 프로젝트가 도대체 일마나 많은지 알기나 하는 겁니까."

놀라움을 감추지 못한 채 브룬스윅은 다른 참석자들을 쳐다보았다.

참석자들도 모두 확실한 대답을 기다리는 눈치이다.

지난 2년간 프로젝트 연구진은 탁월한 성능을 보이는 회로판을 개발하는 등 몇 가지 가시적인 성과를 이뤘다. 그러나 시스템의 구조에 문제가 있는 것도 사실이었다. 때문에 이 문제에 대한 세부적인 연구계획을 수립한 상태고 또 구조의 변경사항에 대한 논의가 현재 진행 중에 있다.

프랭크는 이미 이러한 사실을 알고 있으면서도 브리핑하는 내내 트집을 잡고 있는 것이다.

브룬스윅은 이러한 그의 간섭이 끔찍하게 싫었다. 프로젝트가 기획된 때부터 지금까지 그의 간섭은 도가 지나칠 정도로 심했다. 그가 팍스 부사장의 두터운 신임만 입지 않았다면, 아니 그의 골프실력이 뛰어나지 않았다면 그는 이 자리에 없었을 터였다. 또한 사사건건 트집을 잡고 늘어지는 그가 아니었다면 이런 자리도 없었을 것이고 브리핑을 위한 준비작업도 없었을 것이며 그 시간과 노동을 온전히 연구에 바쳤다면 어쩌면 이 자리에서 시스템 구조에 대한 문제를 거론할 필요 역시 없었을 것이었다.

브룬스윅은 진실을 얘기해봤자 또 트집이 잡힐 게 뻔하다는 사실까지 알고 있었다.

"앞으로 감도는 원하는 수준까지 충분히 도달할 것이라 판단합니다. 현재 전자공학 엔지니어인 존 외에 다른 연구원들 모두 현재의 시스템 구조를 병렬형태로 바꾸기만 하면 큰 문제는 없을 것이라는 데에 공감하고 있고 현재 이 문제에 대한 논의가 진행 중에 있습니다."

"논의가 진행 중이라구요. 그런 식으로 얼렁뚱땅 넘어갈 거였으면 왜 브리핑을 합니까. 치밀한 계산을 통한 확실한 증명을 하기 전까지는 더이상 프로젝트를 진행시킬 수 없습니다. 확실하게 차근차근 진행을 시켜야 확실한 연구성과를 얻을 수 있죠. 이런 식으로 밀고 나갔다가는 큰 낭패만 볼 게 뻔합니다."

괜한 고집을 부리는 프랭크로 인해 회의실 분위기는 엉망이 되었다.

브룬스윅은 참지 못하고 끝내 소리를 질렀다. 그러나 프랭크의 고집은 꺾이기는커녕 점점 심해지기만 했다.

"내가 사사건건 트집을 잡는다구요. 난 이 프로젝트의 책임자이고 여러분은 제 지시와 의견을 적극적으로 수용해야할 의무가 있습니다. 더이상 말싸움하지 말고 시스템 구조 문제에 대한 세부적인 데이터에 대해 의논합시다. 왜 그런 문제가 불거져 나온 것인지 관련 데이터를 보면 알 수 있지 않겠습니까. 바쁜 양반들을 모셔놓고…… 자중하십쇼. 브룬스윅 박사."

브룬스윅은 여전히 머리끝까지 화가 치밀었지만 어쩔 수 없이 데이터 인쇄물을 돌렸다. 인쇄물에는 몇 개의 알고리즘(algorithm)과 방정식, 복잡한 구조에 대한 그림들로 가득했다.

브룬스윅은 오히려 잘됐다고 생각했다.

프랭크는 숫자와 도형들에 대해 심한 열등감을 갖고 있있기 때문이다. 이젠 그가 더 이상 말꼬리를 잡을 수 없을 것이라는 생각이 들자, 브룬스윅의 얼굴에 웃음이 번졌다.

"아아, 이 데이터로 그냥 넘어가려는 속셈이구만. 브룬스윅 박사, 오늘 브리핑은 이것으로 마칩시다. 이런 데이터로는 더이상 논의를 할 수 없을 것 같으니 각자 분석한 뒤에 다시 만나도록 합시다. 나도 일일이 계산해보고 어디에서 문제가 발생했는지, 알려드리겠소"

프랭크의 말이 떨어지자 참석자들은 모두 자리에서 일어났다. 지난번에 있었던 브리핑을 떠올린 브룬스윅은 오히려 잘됐다는 표정이다. 한동안 프랭크는 조용할 것이다. 때로는 숙제를 내주는 것도 괜찮은 방법이라는 생각을 하며 브룬스윅도 회의실을 떠난다.

※※※

**6개월 후.** 매일 밤을 연구실에서 보낸 브룬스윅은 프랭크에게 숙제를 내준 일조차 까맣게 잊고 있었다.

그동안 프로젝트는 순조롭게 진행되었다. 감도와 다이내믹 레인지(dynamic range)의 측정치와 안정성에 대한 사양(仕樣) 등 연구진이 우려했던 모든 기준치 역시 기대치에 도달해 있었다. 이제 며칠만 더 있으면 연구진은 완벽한 프로젝트의 성공모델을 가지고 경영진 앞에서 프리젠테이션을 하게될 것이다. 그들의 오랜 노고가 감탄과 치하로 바뀌는 시점은 이제 며칠 남지 않았던 것이다. 이제 마지막으로 그들은 '광섬유 회로의 감도 증대'를 시험할 각종 기기 시스템 구조의 통합문제를 놓고 의견조율을 하려던 참이었다. 프랭크가 브룬스윅의 연구실에 모습을 나타낸 것도 바로 그때였다.

"제가 자세히 살펴보니까 방정식에 몇 가지 문제점이 있더군요. 그래서 사외 전문기관으로 의뢰했답니다. 박사님도 아시겠군요. 마이크 레이씨라고……."

브룬스윅은 어이가 없었다. 그가 사외 전문기관에 의뢰했다는 사실도 기가 막혔지만 그가 맡겼다는 사람이 바로 마이크 레이라는 데에 경악을 금치 못했다.

레이는 수학실력이나 연구실적 등이 좋지 못해서 권고사직을 당한 기술조수였기 때문이다. 더구나 팍스 기술이사가 회사기밀이나 마찬가지인 데이터를 외부로 유출하는 데에 동조했다는 것도 믿어지지 않았다.

"그럼 팍스 기술이사님도 사외 기관에 의뢰하라고 지시했다는 얘깁니까."

"지시할 필요야 뭐, 있겠습니까. 기술이사님은 제가 선택한 전문가는 누구든 전적으로 신뢰하시니까요. 아니, 저를 믿는다고 하는게 맞는 표현이겠군요."

브룬스윅은 그의 오만한 태도와 말꼬리 붙잡는 습관을 고쳐주고 싶었지만 웃는 얼굴로 그를 격려했다. 앞으로 며칠만 있으면 그와도 이별일테니까. 이제 영광과 기쁨을 마음껏 누릴 미래를 기다리는 일만 남았으니까 말이다.

　　　　　　　　　　　　❁❁❁

　　마이크 레이의 평가서가 도착한 것은 그로부터 일
주일 후였다. 평가서는 경영진에게 배포되었고 이어 평가서를
둘러싸고 희비가 엇갈렸다. 한편 평가서가 도착한 사실을 알 리
없는 연구진은 프로젝트를 시연할 프리젠테이션 준비에 바쁜 나
날을 보내고 있었다.

　　그리고 드디어 시연회가 열릴 회의실. 기술 연구진과 이번 프
로젝트에 참가한 연구원들만 자리를 차지하고 있을 뿐. 어디에
도 경영진을 포함한 딕 프랭크의 모습은 보이지 않았다.

　　"경영진은 왜 아무도 참석하지 않은 겁니까. 시연회에서 모든
것을 직접 보여주리라 만반의 준비를 다했는데."

　　회의실 입구에는 '광섬유 회로 시스템 감도의 탁월한 성능실
현'이라는 커다란 글씨가 쓰여 있었다. 실내에는 같은 제목의 보
고서를 넘기는 연구원들 몇몇이 있을 뿐, 썰렁했다.

　　그때 전자공학 엔지니어인 존이 종이뭉치를 든 손을 흔들며
뛰어들어 왔다.

　　"다른 프로젝트 매니저에게 시연회를 보러오라는 말을 했다
가 이상한 얘길 들었습니다."

　　며칠 전 회사에 도착한 마이크 레이의 평가서가 문제를 일으
킨 것이었다. 존의 손에 들려진 종이뭉치는 바로 그 문제의 평가
서였다. 평가서를 대강 훑어본 브룬스윅은 경영진이 한 명도 참

석하지 않은 이유를 알겠다며, 얼굴이 벌개졌다.

"도대체 그 멍청한 마이크 레이가 뭐라고 썼습니까. 브룬스윅 박사님. 어디 가십니까."

자리에서 일어난 브룬스윅은 결연한 표정으로 커다란 글씨가 쓰여진 입구를 향해 걸었다.

"더이상……. 이제 행동으로 옮기려구요."

＊＊＊

브룬스윅은 연속해서 들리는 '탁, 탁' 소리에 귀기울인 채 서 있었다.

"죄송합니다. 브룬스윅 박사님. 기술이사님이 지금은 바쁘셔서 시간내기가 어렵다고 하십니다."

그는 더이상 기다릴 수 없다는 듯 비서의 책상을 지나 참나무로 멋지게 꾸며진 사무실의 이중문을 노크했다. 갑작스런 그의 행동에 놀란 비서는 그를 붙잡으려 했지만 이미 문은 열려진 후였다.

팍스는 놀란 나머지 엉겁결에 스윙을 했고 그가 휘두른 골프공은 어느새 책상 밑에서 뒹굴고 있었다.

"브룬스윅 박사. 도대체 무슨 일이요. 이렇게 무례하게 찾아와도 되는 겁니까."

"프랭크씨가 사외 평가서를 경영진에게 먼저 배포한 사실을 뒤늦게 알았습니다. 기술이사님도 그 평가서를 분명히 보셨겠죠. 그런 엉터리 평가서로 시연회를 엉망으로 만들다니요"

팍스는 마호가니 책상 뒤의 가죽의자에 몸을 기댄 채 그의 말을 들었다.

"평가서에 문제가 있다는 박사님의 의견에 전적으로 동감입니다. 전 브룬스윅 박사의 이론이 절대적으로 맞다고 생각합니다."

사실 팍스 역시 마이크 레이의 평가서를 신뢰할 수 없었다. 또한 그날 자리한 몇몇 매니저들도 평가서의 조잡함과 어수선한 부연설명 등이 의심스럽다며, 의아하게 생각했던 터였다. 그러나 그는 팍스가 앞에서만 자신의 역성을 드는 것이 못마땅했다.

"부사장님. 프랭크씨를 이번 프로젝트에서 제외시켜 주십쇼. 이번 프로젝트의 가치는 기술이사님도 잘 알고 계시지 않습니까. 프랭크씨 때문에, 시연회에 경영진이 한 명도 참석하지 않았습니다."

그의 단호한 발언에, 놀란 표정을 한 팍스는 한 번 생각해 보겠다는 말만 했다.

그는 팍스의 얼버무리는 말투에 화가 치밀었지만, 중요한 애기를 아직 하지 않았다는 생각에 곧 온화한 표정을 지으며 말을 이었다.

"이번 프로젝트 시연회에 경영진이 많이 참석할 수 있도록 기술이사님께서 애써주십쇼. 기술이사님도 이번 시연회를 참관하시면 깜짝 놀라실 겁니다. 지금 당장이라도 광섬유 회로 시스템을 출시하면 기대했던 것 이상의 수익을 얻을 수 있으리라 자부합니다."


❦❦❦


두 번째 시연회는 정확히 이틀 뒤에 열렸다.

회의실에는 팍스 기술이사와 경영진, 다른 프로젝트 매니저들까지 많은 인원이 참석했지만 기술 관련 질문은 일체 없었다. 이는 프로젝트 연구진의 콧대를 눌러버리려는 경영진의 얄팍한 권모술수에서 비롯된 것이었다. 그러나 브룬스윅과 연구진은 아랑곳하지 않았다.

그들은 이번 시연회를 계기로 경영진의 부정적인 의견이 다소 긍정적으로 바뀌기만을 기대할 뿐이었다.

시연회 내내 프랭크는 허풍을 떨며 호들갑스럽게 프로젝트 연구진을 칭찬했다. 특히 그가 '우리'라고 말할 때마다 브룬스윅은 속이 뒤틀렸다.

한편 마이크 레이는 엉터리였고 그의 평가서는 쓰레기가 돼 있었다. 심지어 프랭크조차 엉터리 평가서였다고 떠들어댔다. 프랭크는 연구생산성을 진작시키고 여러 의견을 수렴해 보고자 그랬노라고 둘러댔는데, 팍스는 여러 의견을 가지고 논쟁을 하다보면 의외의 결과를 가져올 수도 있다며 맞장구를 쳤다. 더구나 이번 프로젝트에 대해 여러 의견을 수렴하고자 노력한 점은 높이 산다는 팍스의 말에 프로젝트 연구원들 모두가 실소를 터뜨리고 말았다.

어쨌든 두 번째 시연회는 성공이었다. 적어도 프로젝트에 대해 부정적으로 말하는 사람은 아무도 없었다. 오히려 칭찬을 하느라 정신없는 매니저들도 있었는데 그중에는 로저 보스도 있었다.

그는 자신이 바로 전자공학 엔지니어인 존에게 엉터리 평가서를 건넨 사람이라며 소개했다. 이미 회사 고문역으로 있는 사외 인사로부터 브룬스윅 박사에 대해 익히 들었노라며 악수를 청한 그는 박사야말로 업계는 물론 학계의 전문가들도 인정하는 이 분야의 최고권위자라고 극찬했다. 만약 자신이 앞으로 이 프로젝트를 도울 수만 있게 된다면 더없는 영광이겠다는 말도 덧붙였다.

브룬스윅은 그의 행동이 의심스러웠지만 흔쾌히 승낙했다.

"전기 감도를 기술적으로 해결하는 능력은 정말 놀라울 따름입니다. 브룬스윅 박사님의 연구열정과 성과에 저절로 머리가 숙여집니다. 당장 제작해서 출시해야 마땅하지 않습니까."

그의 말이 끝남과 동시에 팍스와 경영진의 오케이 사인이 떨어졌다. 그리고 브룬스윅은 로저 보스가 이번 프로젝트에 무임승차하려 한다는 것을 눈치챘다.

＊＊＊

아름다운 꽃과 싱그러운 나무, 많은 인원으로 발디딜
틈이 없는 쉐라톤 호텔의 연사장에는 프로젝트 연구진의 노고를
치하하고 뛰어난 성과를 축하하는 만찬이 열리고 있다.

브룬스윅 박사의 부인 안젤라 박사 역시 이 자리에 참석했다.
그녀는 이 화려한 만찬이 그녀의 남편을 위한 자리이며, 이는 회
사측이 남편의 연구성과를 높이 평가했기 때문이라는 생각을 하
고 있다. 순간, 그녀는 남편의 회사에 대해 품었던 불평불만이
죄스럽게 느껴진다.

연사장에는 프랭크의 세 번째 부인 달리도 있었다. 그녀는 다
이어트를 위한 운동과 음식에 특별히 관심이 많았는데, 이번 프
로젝트에 참여했던 그레쉰 박사를 통해 안젤라가 '에어로다이내
믹(aerodynamics, 공기역학)'에 열중해 있다는 소리를 들었다.

"그렇게 좋은 게 있다면 제게도 말씀해 주셨어야죠. 에어로다
이내믹이요. 처음 들어보긴 하는데, 정말 대단할 것 같아요. 시
작하신지 얼마나 되셨어요. 정말 몸매가 끝내주는데요"

"한 15년 됐는데 저도 생각만 있었지, 본격적으로 시작한 것
은 그리 오래되지는 않았어요"

안젤라는 이런 자리에서 자신의 전공분야에 대한 대화를 나눌
수 있으리란 기대는 하지 않았지만 기뻤다. 더구나 약간은 엉뚱
한 칭찬에 얼굴까지 달아오른다. 안젤라는 잘 셋팅된 금발머리

에 어린아이처럼 흥분하는 그녀와 이런 얘길 나누는 것도 그리 나쁘진 않다는 생각을 한다.

"오래되지 않았어도 분명히 당신의 건강을 지켜준 것은 확실해요. 그런데 정확하게 어떤 건가요?"

"간단하게 설명하자면 저는 기류에 대해 연구해요. 주로 항공기에 많이 응용되기 때문에 항공역학이라고도 하지만 요즘엔 워낙 이론들이 세분화되어 있기 때문에 제 연구분야를 구체적으로 얘길 하자면……."

마침 그때 브룬스윅이 그들에게 다가왔다. 그는 그레쉰 박사 역시 이번 프로젝트에 남다른 애정을 갖고 있다며 그들에게 소개한 데 이어 대학에서 물리학을 가르치고 있는 그의 아내가 자랑스럽다며 얘기한다.

순간 금발머리의 얼굴이 일그러지면서 벌겋게 달아오른다.

"그럼 에어로빅 다이내믹이 물리학이로군요. 브룬스윅 박사님만 똑똑한 줄 알았더니 안젤라씨도 머리가 좋군요."

그때 단상에서 마이크 소리가 났다.

윌리 스틴 사장이 마이크를 가볍게 치자, 서있던 사람들은 모두 제자리에 앉는다.

"해마다 회사에서는 연구진이 이룩한 뛰어난 연구성과와 노고를 기리기 위해 특별한 자리를 마련하고 있습니다. 사실 연구진의 뛰어난 연구노력이 결집된 특허가 없었다면, 우리 회사는 큰 수익을 실현하지 못했을 것입니다. 다시 한번 연구진의 노고에 감사드린다는 말로 인사말을 대신할까 합니다. 감사합니다."

그의 짧은 연설이 끝나고 10명의 공로상 수상자가 호명되었다.

브룬스윅은 첫 번째로 공로상을 수상했다.

"정말 대단한 일을 해냈습니다. 브룬스윅 박사. 내년에는 박사님의 특허로 우리 회사가 거친 풍랑도 가볍게 헤쳐 나가리라 자신합니다."

브룬스윅이 단상에서 내려오자, 연구진은 차례로 공로상을 받으러 단상에 오른다. 그러나 수상자 중에는 기뻐하는 사람이 아무도 없다. 다들 연중행사로 열리는 회사의 포상 수여식에 지친 표정이 역력하다. 브룬스윅 옆으로 다시 수상자들이 자리를 채운다.

"이젠 정말 지칠대로 지쳤습니다. 다들 이번이 마지막이라고 생각하고 프로젝트에 임했습니다. 이미 몇몇 동료들은 다른 연구소로 옮긴 사람들도 많구요."

"저도 이 회사가 더이상 발전이 없다는 사실을 알아차렸습니다. 다른 연구팀들도 연구소를 알아보고 있다고 하더군요."

안젤라는 남편의 동료 연구원들이 하는 얘기를 듣는다. 이런 어건에서 남편이 지난 세월을 신임연구원으로 일해왔다는 것이 속상하다. 그들이 떠난다면 남편은 앞으로 어떻게 되는 것인가. 그녀는 그들의 얘기에 귀를 기울인다.

"물론 특허 아이디어를 가지고 이직을 한다는 게 윤리적으로 옳다고 말할 수는 없겠지요. 하지만 회사가 연구진에 대해 금전적인 보상조차 제대로 해주지 않는데, 어느 누가 남으려고 하겠습니까."

"그러게 말입니다. 수고한 사람은 따로 있고 대가는 딴 사람이 다 챙긴다고. 프로젝트 매니저들은 보너스에, 해외출장비에, 비자금까지 따로 챙기는데 제 월급은 5년 동안 기껏해야 5% 올랐을 뿐입니다. 더구나 프로젝트에 매달리면 휴가도 없고 휴일이며 주말도 없잖습니까. 가족들은 아우성이고."

그들은 연거푸 술을 마셔댄다.

안젤라는 그들에게 어떤 말이든 해주고 싶다.

"그래도 언젠가는 발명가로서, 개발자로 이름을 날릴 수 있잖아요. 힘내세요."

금세 얼굴이 달아오른 그들은 씁쓸한 웃음을 짓는다.

"제가 천하에 나쁜 놈이 되더라도 실컷 돈 좀 만져봤음 좋겠습니다. 이 세상에 발명한 사람을 기억하는 사람이 몇이나 있을까요."

"그것도 그렇지만 내 발명품에 대해서 사사건건 트집잡고 간섭하는 경영진 놈들이 다 사라져만 준다면 기분이 끝내줄텐데 말입니다."

안젤라는 와인을 홀짝인다.

연사장에는 여전히 술을 마시거나 얘기를 하는 사람들로 북적이고 있다. 어느새 달리는 그녀 옆에 다가와 앉았다.

"제가 저희 남편을 자랑스럽게 여기는 만큼 당신도 남편이 자랑스럽겠죠. 연구진이나 매니저나 한 팀으로 그동안 함께 열심히 일했잖아요. 이 정도의 보상은 아무 것도 아니죠. 안그래요."

어쨌든 프로젝트팀은 연구진과 매니저가 한 팀으로 구성되는 만큼, 적어도 함께 일한 것은 맞는 표현일 터였다.

"다음 달에 그리스에 있는 무슨 섬인가로 여행을 간다는데, 같이 가시는거 맞죠."

뜬금없는 그녀의 얘기에 안젤라는 화들짝 놀란다. 프로젝트의 성공을 위한 축하여행이라면 브룬스윅도 모를 리 없지만, 이 얘기는 처음이다.

"사장님의 요트를 타고 그리스 지역의 섬과 유적을 모두 훑어본다는데. 20일 여정으로요. 두분도 같이 가시는거죠. 저희 남편이 하는 얘기가요. 이번 프로젝트로 엄청나게 돈을 많이 벌었대요. 그래서 함께 자축하고 직원들의 노고도 치하할 겸 같이 가는 거라고 그러던데."

지난 몇 년간, 안젤라는 남편의 연구로 인해 여행은 고사하고 주말조차 함께 보낸 적이 없었다. 그런데 여행을 보내준다니, 남편이 알고 있었다면 이런 얘기를 하지 않았을 이유가 없다.

그때 브룬스윅과 프랭크, 로저 보스가 와인을 들고 왔다.

"그동안 정말 힘들고 오래 걸리긴 했지만 우린 마침내 해냈습니다. 박사님 이름으로 특허권도 따내고 말입니다. 브룬스윅 박사님, 그동안 수고 많았습니다. 함께 건배하시죠."

로저 보스는 앉아있는 사람들의 잔을 채운 뒤, 건배를 권했다.

프랭크는 입을 삐죽거렸지만 잔을 부딪혔다.

브룬스윅은 특허권은 회사가 따낸 것이며 자신의 이름으로 출원한 것 뿐이라고 얘기하며 웃는다.

연사장에는 벌써 빈 테이블이 눈에 띄게 늘어 있다. 사장과 최고경영진 역시 연사장을 빠져나간 뒤이다. 안젤라와 브룬스윅도 일어선다. 주차장 엘리베이터로 가는 동안, 달리는 브룬스윅의 손에 있는 파란 상자를 쳐다보고 있다.

프랭크는 "기념품 정도라며 제발, 다른 사람들 일에 참견하지 말라."며 만류했지만, 그녀는 막무가내이다.

"회사에 수백만 불의 이익을 가져온 제품을 발명한 박사님이시니까 사장님께서 뭘 주셨을지 너무 궁금해 죽겠어요. 그 파란 상자에 뭐가 들었는지 제가 대신 열어볼까요."

브룬스윅은 웃으며 그녀에게 상자를 건넨다.

"사실 전 저희 남편이 한 얘길 믿거든요. 얼마 전에도 '상자가 작을수록 보너스는 큰 법'이라고 말하면서 딱 이만한 크기의 파란 상자에 3캐럿짜리 다이아몬드 반지를 제게 주는 거에요. 이 상자 안에는 또 어떤 보물이 들어 있을까요."

"브룬스윅 박사님, 회사에서 내년부터 특허권자에게 5백 달러를, 공동 개발자에게는 각각 3백 달러씩 지급한다고 합니다. 참 이번 발명품에 대한 논문을 출간해도 좋다고 법제팀에서 허락했다면서요. 박사님은 이제 회사 밖에서도 인정을 받게 되는 거군요. 안그렇습니까."

그녀가 천천히 상자를 여는 찰나, 로저 보스는 무슨 생각에서였는지 계속해서 브룬스윅에게 말을 건다. 그리고 프랭크는 그저 기념품일 뿐이라는 말만 되뇌고 있다. 다들 무슨 상상을 했는지, 개봉한 뒤에는 모두 말이 많아져 있다. 단, 브룬스윅과 안젤라만 빼고.

"어쨌든 이번 프로젝트를 파리에서도 프리젠테이션하기로 했습니다. 오는 9월에요. 지금이 7월이니까 두 달정도 남았군요."

브룬스윅은 프랭크의 대답을 기다린다. 지금까지 말없이 인상을 찡그리고 있던 프랭크는 주차장을 두리번거리며 말한다.

"두 달이면 해외출장비용을 승인받기엔 좀 빠듯합니다. 게다가 비용이 얼마나 들지 계산도 해봐야 하고. 일단 현재 예산이 얼마나 남아있는지 확인도 해야하니까 아무래도 시간이 촉박하군요. 더구나 제가 다음 달에는 그리스 출장까지 잡혀 있어서 힘들 것 같군요. 박사님."

그는 신경도 쓰지않고 지껄이다 그의 아내가 주차된 곳을 가리키자 급하게 인사를 한다. 그의 아내 역시 손을 흔들어 보이고는 어둠 속으로 사라진다. 그나마 악수를 하고 헤어진 사람은 로저 보스 뿐이다.

브룬스윅과 안젤라는 멍하니 그들을 바라보다 주차된 차에 탄다.

＊＊＊

브룬스윅과 안젤라는 따뜻한 거실에 앉아 샴페인을 마시고 있다. 쉽게 잠이 올 것 같지 않은 밤이다. 브룬스윅은 샴페인을 마시며 이번 프로젝트의 중요한 점을 자세히 설명하고 있다. 안젤라는 그의 얘길 열심히 경청하다 못참겠다는 듯 입을 연다.

"여보. 난 오늘에야 드디어 세상을 다시 보게 됐어요. '광섬유 회로 시스템 1호'라는 번호판이 붙은 프랭크의 신형 메르세데스와 '광섬유 회로 시스템 2호'라는 번호판이 붙은 로저 보스의 신형 렉서스, 거기에 그 뒤를 좇으며 매연을 맡고 있는 실제 발명자인 당신의 시보레. 그게 뭘 의미하는지 아세요. 당신은 그들보다 더 열심히 일하고 희생했으면서도 일한 대가조차 제대로 받지 못하고 심지어 프리젠테이션을 위한 해외출장비용 일체도 지원받지 못하게 됐어요. 절대로 오늘 일은 잊지 못할 것 같아요. 여보. 우린 자선사업가가 아니에요. 우린 아직도 주택할부금을 내야하고 대학 학비를 대야할 자식이 둘이나 있단 말이에요."

그녀는 말을 마치고 나서 단숨에 샴페인 잔을 비운다.

"그래. 그토록 열심히 일했는데 돌아오는 것은 생색내기 고맙다는 말에 종이쓰레기 밖에 되지않는 공로상장이 전부로군."

그 역시 말을 마친 뒤 남은 샴페인을 모두 털어 넣고는 웃으며 말을 잇는다.

"여보. 로마인들이 'omnia mea mecum porto'라는 말을 자주 했다지."

눈물을 흘리던 그녀는 어느새 고개를 들어 그를 쳐다보고 있다.

무슨 뜻인지 알겠냐는 듯 그가 눈을 찡긋거리자 그녀가 말한다.

"그럼. 당신 예전에 얘기했던 테크로켐사의 스카우트 제의를 받아들이겠다는 거에요."

"나도 오늘에야 마음을 굳혔소. 로마인들처럼 '모든 것은 내가 책임지리라.' 주말에 사표내고 우리 모처럼 여행이라도 다녀올까."

그녀는 언제 울었냐는 듯 활짝 웃으며 그에게 안긴다.

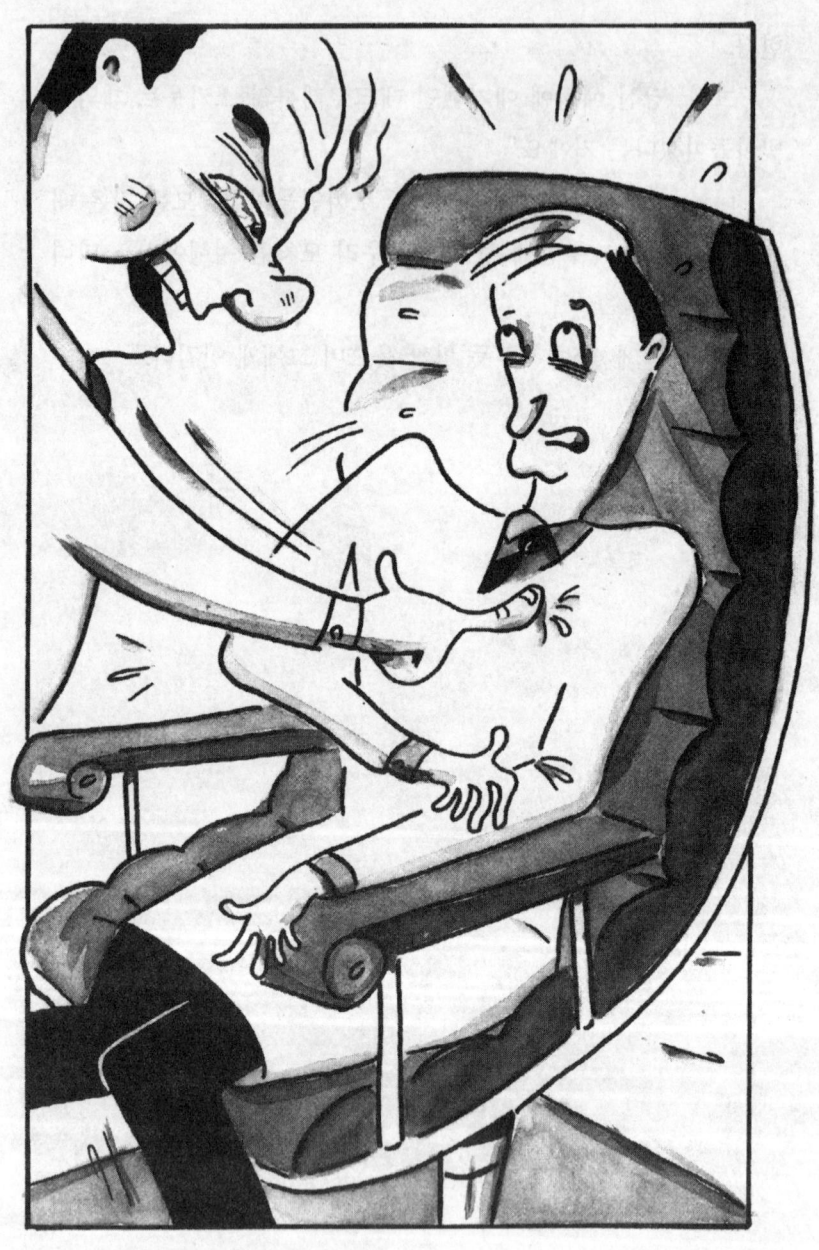

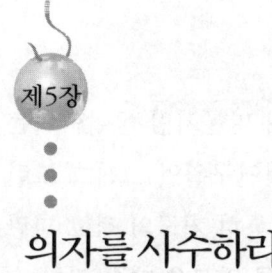

# 의자를 사수하라

목소리의 볼륨을 높여라. 핏대를 세워라.
잘 모르는 내용이라도 일단 억지를 부려라.
때로는 목소리 큰 사람이, 생떼를 쓰는 사람이 이기는 경우도 있으니.

연구개발부의 앤드류 브랫포드 박사는 매우 흡족했다. 복도에 굴러다니던 의자를 그의 몸에 딱맞는 의자로 새로 만들어낸 것이다. 복도에 방치돼 버려져 있던 의자를 주워다가 기름칠을 하고 팔걸이 높이를 맞추고 의자높이 조절 레버를 움직여, 마침내 푹신하고 편안한 의자로 만들어낸 자신이 뿌듯하고 자랑스럽기까지 했다.

사실 입사한 지 2주된 그에게는 그동안 변변한 의자조차 없었다. 더구나 2주 동안 연구 프로젝트도 없이 빈둥거리며 보낸 그에게 '의자 고치는 일'은 프로젝트를 진행시키는 것 만큼이나 중요한 일이었다.

그런데 바로 그때 연구실 복도에서 시끄러운 소리가 나더니 갑자기 연구실 문이 활짝 열렸다.

브랫포드는 의자에 몸을 기댄 채 밀물처럼 들이닥치는 사람들을 쳐다보고 있다. 그중에는 선임연구원인 그레그 그린 박사와 거구(巨軀)의 남자 하나도 있다. 특히 거구의 작고 파란 눈은 빨갛게 충혈돼 있고 벌겋게 달아오른 양볼은 계속 거친 숨을 뱉어내고 있다.

"그린 박사님. 분명히 여기 직원이 훔쳐갔다니까요"

"헤스씨. 도대체 무슨 근거로 그렇게 함부로 말하는 겁니까. 확인도 하지 않았으면서 다짜고짜 훔쳐가긴 누가 그런걸 훔쳐가요"

그린은 무턱대고 훔쳐갔다며 억지를 부리는 그에게 웃으며 말했지만, 그는 전혀 웃을 기분이 아니라며 연구실 안을 두리번거리고 있다.

연구실에는 모니터를 보는 사람, 시험관을 쥔 채 애길하고 있는 사람 등 제법 많은 연구원들이 있었지만 다들 무슨 영문인지 모르겠다는 표정이다.

그때 제어판의 화면표시기에서 '삐익' 소리가 난다.

브랫포드는 아무 일도 아니라는 듯, 숫자가 깜박거리고 있는 LCD 모니터(liquid crystal display, 액정 디스플레이)를 보고 있다.

"이 자식이 범인이었구만."

연구실 안의 소동이 신경쓰이긴 했지만 브랫포드는 상관없다는 듯 모니터에 나타나는 숫자를 기록하기에 바빴다. 쉬지않고 점멸하는 숫자 위로 거대한 그림자가 생긴 다음에야 그는 고개를 든다.

"아니, 내 의자를 완전히 망가뜨렸잖아. 허락도 없이 내 물건을 가져가 놓고 이렇게 엉망으로 만들어."

분노로 일그러진 채 벌겋게 상기된 거구가 브랫포드의 의자를 흔들어대며 소리치고 있다. 그린 박사와 연구실의 모든 눈은 그를 향해 있다. 당황한 그는 어쩔 줄을 모르며 말한다.

"죄송합니다. 내내 복도에 방치돼 있기에 누가 버린 줄만 알고……"

"사무실 청소하는 새 잠깐 복도에 내놓았던 거야. 이런 멀쩡한 의자를 누가 버렸다고 그래. 자네는 이상한 생각도 안들었나. 상사에게 뭐든 물어봤어야지. 연구실에서 일하는 주제에 경영진이 쓰는 의자를 그것도 자네 맘대로 가져다 써도 되느냐고. 그린 박사님, 제가 뭐라고 했습니까. 분명히 연구실에서 가져갔다고 했잖아요."

귀가 멍멍해질 정도로 소리치며 침을 튀기던 거구는 이제 그린 박사님을 겨누고 있다.

그는 기가 막혔다. 게다가 이런 우스꽝스러운 현실이 너무도 낯이 익다는 사실이 그를 더욱 곤혹스럽게 만들었다. 그는 흩어진 기억 조각을 하나하나 끼어 맞추고 있다.

헤스라는 이름, 귓바퀴까지 시뻘개져 소리치는 얼굴, 충혈된 작은 눈.

순간 그는 탄성을 지를 뻔한다. 저 거구가 지도교수의 연구실을 방문한 그 자리에서도 지금과 똑같은 상황이, 저 모습이 똑같이 재현됐던 사실을 기억해낸 것이다.

바로 1년 전 프링글 교수의 연구실에서 말이다.

❋❋❋

"우리가 고안해낸 광변조기(optical modulator)에 대해 상당한 관심을 보이고 있는 회사가 있네. 연구비용을 지원해줄지는 아직 미지수지만, 지금까지 산학협동 프로젝트의 성적이 좋았으니까 한번 기대해봐야지."

카푸치노를 마시고 있는 프링글 교수는 흡족한 표정으로 브랫포드에게 말했다.

"카이사르(Caesar)가 그랬듯이, '왔노라, 보았노라, 이겼노라(veni, vidi, vici)'처럼 됐으면 좋겠는데요. 그런데 교수님, 이런 경우는 회사와 비밀협정(confidentiality agreement)을 체결하지 않나요"

"그럼, 당연히 비밀협정을 맺는다네. 대개 회사가 새로운 구조에 관한 아이디어를 제공받고자 할때나 자문을 해달라고 요청할 때, 회사와 비밀협정을 체결하는 편이지. 참, 그리고 오늘 회사에서 헤스씨가 오기로 돼 있네. 광변조기의 세부구조와 기능을 살펴보고 싶다더군. 그 사람이 전자공학 엔지니어링 부에서 프로젝트 매니저로만 30년 넘게 일했데. 이번 일만 잘 되면 부족한 기자재를 좀 들여놓을 수 있을 텐데 말이야."

헤스씨를 기다리는 동안 브랫포드와 교수는 광변조기와 검출기를 직접 시연하기 위해 만반의 준비를 하고 있었다.

그가 도착한 것은 약속 시간보다 무려 2시간이나 지나서 였다. 교수는 브랫포드가 있는 연구실을 지나 교수실로 그를 안내했다.

"연구기금에 대해서는 제게 직접 말씀하십쇼. 회사가 부담하는 사외 연구기금을 모두 제가 총괄하고 있으니까요. 그래서 얘긴데……."

순간 브랫포드는 의아했다.

그는 앉자마자 돈 얘기부터 하는 것이 아닌가. 회사가 투자하게 될 연구 대상부터 보자고 하는 게 순서 아닌가. 브랫포드는 교수실을 울리는 저음의 목소리에 귀를 기울였다.

"…… 총액에 대해서는 서로 의견조율이 필요하겠지만, 제가 아니었으면 교수님이 연구기금을 받을 수 있었겠습니까. 교수님과 저만 아는 것으로 하고, 따로 이면계약서를 작성하면 아무도 알 수가 없죠. 그리고 그저 산학협동 계약서에 별첨으로 연구기금에 대한 사항만 첨부하면 되는 겁니다. 물론 별첨지에는 연구비용과는 별개 항목을 따로 만들어서, 제가 발굴한 것에 대한 대가를 받을 수 있도록 말입니다. 제가 지금 당장이라도 100만 달러 정도는 확보할 수 있는데. 어떻습니까. 교수님과 저만 비밀을 지키면 아무 문제는 없을텐데요."

저음의 목소리는 웅얼거리고 있었지만, 사외 연구기금을 슬쩍

해먹자는 그의 저의는 분명히 알 수 있었다.

서류를 넘기는 소리가 들리더니 잠시 후, 교수의 목소리가 들렸다.

"50만 달러면 광변조기 개발에 충분합니다. 또 저희 대학과 회사간에 발생할 수도 있는 잠재적 특허권(potential patent rights) 문제에 대해서도 약관에 첨가했으면 합니다. 아울러 이번 프로젝트의 개발비용 이외 다른 돈은 일체 받을 수 없다는 점도 분명히 밝힙니다. 그럼 이것으로 일단락 짓고 이제 연구실로 가서 직접 살펴보시죠"

교수의 말이 끝나자마자 그들은 연구실로 들어섰다. 교수의 뒤를 따라 들어온 그는 귀까지 시뻘개져 있었고 파란 눈은 충혈된 채 였다.

브랫포드는 간단히 목례로 인사를 대신하고 다시 자리에 앉았다.

"귀사에서 관심을 갖고 있는 데이터에 기초해서 구체적으로 설명하겠습니다. 시연과 설명은 광변조기로 현재 박사학위를 준비하고 있는 앤드류 브랫포드군이 직접 하겠습니다."

"아니, 교수님. 설마 학생이 발표한 프로젝트를 저희 회사가 지원할 거라고 생각하는건 아니겠죠"

브랫포드는 교수의 지시대로 장치를 가동시켰다.

그는 툴툴거리며 브랫포드를 경멸의 눈으로 쳐다봤지만, 관심 있게 지켜보기도 했다.

교수는 입술을 깨문 채 말이 없었다.

"나 원, 이렇게 반응이 느려서야 어디 라이선스 계약이나 제대로 하겠소. 우린 당장 이 모델을 시장에 내놔야할 판인데. 지금 되나 안되나 그걸 보여주는 거요. 뭐요."

브랫포드는 그의 말에 깜짝 놀라 고개를 들었다. 자신이 직접 만들고 연구한 장치이긴 하지만 이미 기술력에 대해서는 검증받은 것이나 다름없는 기기였다. 공식적인 발표는 아니었지만 관련 논문과 연구기록 등이 유력 과학지에 실린데 다가 타 연구소에서도 눈독을 들이고 있다는 후문도 접한 바 있었다. 더구나 관련 전문지들은 현재 실용화되고 있는 광변조기 가운데 가장 빨리 응답하는 기기로 선정까지 하지 않았던가.

"이 기기는 나노초〔ns, $1ns = 10^{-9}s$, 즉 1초의 1/10억에 해당한다〕로 반응하는 장치로서 세계에서 가장 빠른 광변조기 입니다. 다른 나라의 연구원들까지 저희 연구실로 직접 찾아와서 이 기기를 측정하고 연구성과를 극찬했던 그런 장친데……."

프링글 교수 역시 흥분해서 더는 말을 잇지 못했다.

그는 의심스럽다는 듯 노트를 꺼내더니 몽블랑 만년필로 무엇인가 적으면서 말했다.

"육안으로는 확실한 판단이 서지 않는군요. 이 장치의 기반이 되는 이론에 대해 좀더 자세히 알고 싶은데요."

그의 얘기에 교수는 고개를 끄덕였다. 화이트 보드로 다가가 이번 프로젝트의 기초이론에 대해 교수가 설명하기 시작하자, 그는 턱을 괸 채 방정식을 받아적고 있다.

"여기서 'z'가 뭘 의미하는 겁니까."

"보시다시피 벡터방정식(vector equation)의 매개변수 중 하나로서 결과를 'z'로 나타냈습니다."

교수는 그의 질문에 대답했다.

"원하는 값을 얻기 위해서 그럼 z를 몇 번이나 곱해야 하는 겁니까."

"말씀드린 것처럼, 결과는 '제롬-윌슨 원리(Gerome-Wilson principles)'의 시간 관련 신호변조기에 기초한 1차 방정식으로 도출됩니다."

"그런데 왜 그 원리가 이 공식에 적용되는지 이해가 안되는데……. 어딘가 오류가 있는 것 아닙니까."

그는 괜한 트집을 잡고 있다.

그게 아니라면 대학 1학년생조차 이해할 정도의 기초적인 물리학 이론을 그가 모른다니, 30년 이상 전자공학 엔지니어링 부에서 일해왔다는 것이 도무지 믿기지 않았다.

교수는 다시 화이트 보드에 붉은 숫자를 나열하고 있다.

"그럼 제롬-윌슨 원리의 기초적인 내용부터 다시 설명하도록 하죠. 이 설명을 들으면 이 원리가 공식에 어떻게 응용되는지를 금세 알 수 있을 겁니다. 자, 여기 이 공식은 광변조기를 설계했을 때부터 사용했던 기본 벡터방정식을 토대로 만들어진 것입니다."

"광변조기의 나노초 반응하고 기초이론만 보여주면 될 것을 갑자기 장황하게 설명하니까, 더 모르겠군요. 매개변수는 왜이리 많은지. 'p'는 또 왜 있는 겁니까."

교수는 아랑곳하지 않고 기어코 화이트 보드를 영문자와 숫자로 가득 채우고 있다.

"헤스씨. 기본 원리를 제대로 알아야 전반적으로 어떻게 응용됐는지, 이해할 수 있을 것 아닙니까. 이 원리만 알면 다른 것은 쉽게 이해될 겁니다."

"뭐, 교수님 설명이 다 맞는다고 칩시다. 어쨌든 저는 돌아가자마자 처음부터 다시 검토해야 하는데, 도대체 광변조기가 어떻게 나노초 반응이 가능한지 이해가 안된다 이겁니다."

이미 다른 교수와 연구원들이 검증한 광변조기를 사이에 두고, 두 사람은 승강이를 하고 있었다.

교수는 괜한 트집을 잡으며 실랑이를 벌이는 그에게 지친 모습이 역력했다.

"그래서 이렇게 직접 시연하지 않소. 이 광변조기의 기본 원리는 철저하게 연구한 끝에 얻어낸 것이고 다른 연구원들도 검증을 끝낸 것입니다. 이론적으로는 전혀 문제가 없는데……. 아무래도 당신의 이해력이 부족한 것 같소"

브랫포드는 교수가 이렇게 분개하는 모습을 처음 보았다.

"이 이론에 기초한 장치는 이미 국제적인 과학지에도 실려 검증받은 것이나 다름없습니다. 당신이 이해를 못하든, 안하든 그건 나하고는 전혀 상관없는 일이고, 우리 학교에는 산학협동 때문에 오셨으니 성사를 시키든 망치든 당신 마음대로 하시오"

프링글 교수는 학내에서도 가장 점잖기로 소문난 사람이었다. 그런 그에게도 뛰어난 연구실적에 대한 근거없는 비판적 평가는 참을 수 없었던 모양이다.

헤스씨 역시 이판사판이라는 투다.

브랫포드는 그들의 대화를 망연자실 듣고 있을 수밖에 없었다.

"아니, 그렇게 말을 함부로 해도 되는거요. 우리 회사에서 당신에게 들인 연구비용이 지금까지 얼만데. 솔직히 지금까지 이렇다할 연구실적도 없지 않았습니까. 이론이라는 것도 오류투성이고, 학문이란 미명하에 이렇게 사기를 쳐도 되는거요."

"사기라고 했소. 학생도 아는 기초적인 이론조차 모르는 사람이 프로젝트 매니저랍시고 그것도 30년 넘게 자리를 꿰차고 있는 게 사기가 아니고 뭐요. 당신같이 무식하고 무능력한 사람하고는 더이상 얘기하고 싶지 않소. 당신네 회사 연구자문역도 이제 끝이니, 그런 줄 알고 썩 물러가시오. 내 눈앞에서 사라지란 말이오."

귀까지 시뻘개진 파란 눈의 거구는 그의 몸집만큼이나 커다란 소리로 문을 닫고는 사라졌다.

"바보같은 자식. 저런 주제에 나를 매수하겠다고. 무슨 연구개발비의 얼마를 해먹자니. 저런 썩어빠진 놈들을 채용하는 회사만 불쌍하지. 불쌍해."

그가 연구실을 나간 뒤에도 교수는 격했던 마음을 누그러뜨리지 못했다.

그 일이 있은 뒤 보름도 지나지 않아 교수는 해외 유수업체로부터 연구기금을 지원받았다.

"이 의자 어떻게 할꺼요. 이렇게 망가뜨려 놨으니……."

순간 브랫포드는 1년 전의 상황을 떠올리다 한쪽 입술을 삐죽거리며 말한다.

"기초이론조차 모르는 사람이 프로젝트 매니저랍시고 그것도 30년 넘게 자리를 꿰차고 있는 이 무식하고 무능력한 사람아."

헤스는 얼어붙은 채 그대로 서 있다. 분명히 어디선가 그를 만났던 것 같은데, 그게 어디였는지 도무지 떠오르지 않는다. 그러나 그가 한 말은 누군가에게 들었던 그 모욕적인 언사와 토씨 하나 틀리지 않다.

헤스의 이마에선 식은땀이 줄줄 흐르고 있었다.

"너야말로 무식하고 무능력한 인간이 아니고 뭐냐. 회사 경영진이 뭘 원하는지, 너희같은 연구원들에게 도대체 뭘 요구하는지조차 파악하지 못하면서. 박사학위 하나 있다고 똑똑한 체하지 말라 이거야."

"지금 그게 이 의자와 무슨 상관이 있다는 겁니까."

그린 박사는 한숨을 내쉬며 말한 뒤, 브랫포드에게 의자를 본래 상태로 만들어 헤스씨의 사무실로 갖다 준 다음 자신의 사무실에 들르라고 했다.

땀을 닦으며 얘기를 듣고 있던 헤스는 고개를 끄덕이며 일그러진 얼굴로 브랫포드를 한번 쳐다보고는 연구실을 나갔다.

한 시간이 지난 뒤에야 브랫포드는 그린 박사의 연구실을 노크했다.

"가급적 헤스 앞에선 프링글 교수님과의 일을 얘기하지 않는 게 좋겠네. 나도 헤스가 광변조기와 검출기 프로젝트건을 어떻게 망쳐놨는지 익히 들어서 잘 알고 있다네. 사실은 내가 사외 연구기금을 프링글 교수님의 개발 프로젝트에 지원하자고 건의했거든."

깜짝 놀란 브랫포드는 테이블로 바짝 다가와 앉으며 말한다.

"그럼 왜 헤스와 같이 오지 않으셨습니까."

"앞으로 자네도 알게 될 걸세. 기술적인 연구 프로젝트 역시 프로젝트 매니저가 모든 결정권을 쥐고 있다는 사실을 말이야."

브랫포드는 의아했다. 그렇다면 1년 전과 같은 일이 비일비재하다는 것인가.

"이런 식이라면 언제나 마찰이 생기지 않겠습니까. 회사가 이런 방식을 고수하는 특별한 이유라도 있는 겁니까. 저는 도대체 이해가 되질 않는데요."

"특별한 이유라……. 지금까지 연구실에 있으면서 그런 특별한 이유에 대해서는 나도 잘 모르겠네. 알고 싶지도 않고 말이야. 아무튼 앞으로 다시는 높은 놈들이 앉는 의자에는 얼씬도 하지 말게. 알겠나."

## 제6장

# 소문만복래(所聞萬福來)

꿩 먹고 알 먹는 기회는 반드시 잡아라. 돈나 트리비처럼….
꿩 대신 닭이라도 반드시 먹어라. 단 누씽처럼….
그러나 무엇보다 줄을 잘 서라. 베스티처럼 되지 않으려면.


연구개발부의 'Z 프로젝트' 매니저인 단 누씽은 이제 막 해외출장에서 돌아왔다.

누씽은 언제나 그랬듯, 네 명의 선임연구원과 두 명의 기술조수를 회의실로 불러 들였다. 그동안 얼마나 프로젝트가 진행됐는지, 보고를 받기 위함이다.

기술조수인 김과 베스티는 프리젠테이션이 진행되는 내내 툴툴거리고 있다. 비생산적인 미팅 때문에 정작 해야할 일은 하지 못하고 있는, 이 현실이 싫다며 불평을 하고있는 것이다.

프리젠테이션을 진행하고 있는 제니스 팔로프스키와 앨버트 림 박사 역시 한숨을 내쉬며 인상을 찌푸리고 있는 그들 둘이 거슬린다. 헬렌 아퓌 과 마크 케인 박사 역시 두 사람이 거슬리기는 마찬가지이다. 다만 누씽만이 그런 사실을 외면하며 프리젠테이션에 집중한 체 했다.

누씽은 그들이 왜 킬킬거리며 속닥거리고 있는지 알고 있다고 생각하던 참이다. 그들은 항상 보수가 적다며 불평을 해왔던 것이다. 자질구레한 일까지 도맡아 하는 기술조수들의 보수가 턱없이 적은 수준이라며, 그들의 월급을 인상해주라는 연구원들의 건의가 여러 차례 있었지만, 누씽은 번번이 거절했다.

"프로젝트를 진행하는 동안에는 어떤 불만도 있을 수 없습니다. 더구나 보수문제는 누구나 부족하다고 생각하는 부분이 아닙니까. 프로젝트가 목적대로 완성되고 좋은 반응을 얻으면 그에 따른 보상이 있을 겁니다. 우리 모두가 똑같이 고생하고 있는 이 마당에 일의 많고 적음을 어떻게 따질 수 있습니까. 더구나 단순히 업무량만 많으면 월급을 더 준답니까. 질적인 측면도 고려하고 형평성이랄지, 업무 수행능력도 감안해야 하고 이것저것 평가해야할 것들이 얼마나 많습니까. 프로젝트 매니저는 모든 팀원이 하나의 목적을 잘 달성해낼 수 있도록 힘써야 합니다. 지금 그런 것을 따질 여력이 어디 있습니까. 그럴 시간이 있으면 연구나 더 하십쇼"

누씽은 '팀원은 누구나 똑같이 중요하다.'는 식으로 말하다가도 보수문제나 해외 세미나를 위한 경비지원 문제에 있어서는 정색을 했다.

이렇듯 그는 돈에 관해서는 정색을 하며 말하다가도, 프리젠테이션이 끝났을 때나 간단한 아침미팅이 있을 때에는 팀원들에게 장광설을 늘어놓곤 했다. 그의 장광설로 인해 매번 미팅은 장황한 비즈니스 교육프로그램 식으로 끝나기 일쑤거나, 혹은 하려던 이야기가 엉뚱한 방향으로 흘러 정작 이야기의 핵심을 잊어버리고 끝내는 일이 많았다. 그럼에도 그는 프로젝트를 완성하는 것 만큼이나 비즈니스 교육도 중요하다고 굳게 믿는 부류였다.

누씽이 한쪽 손을 높이 쳐들자, 프로젝트의 진행상황에 대해 설명하던 케인 박사는 말을 멈추고 그를 쳐다본다.

"그 정도면 충분합니다. 그동안 다들 열심히 했습니다. 이렇게 감동받기도 어려울 것 같군요. 수고했어요. 제가 출장가기 전에 강조했던 것처럼……."

그는 일부러 '유기화합물(organic compounds)'의 산술적인 언급은 회피하며 이야기를 계속했다.

"유기화합물 'Z', 정말 대단한 제품입니다. 회사는 이 화합물의 무한한 잠재력을 실현시켜 이번에 출시한 플래스티슨(Plastison)의 '저항력'을 배가시키는데 효과적으로 응용되길 기대하고 있습니다."

연구원들은 기가 막혔다.

지금까지 'Z'에 대해 여러 차례 설명을 했건만 여전히 그는 제대로 이해하지 못하고 있는 것이다. 허긴, 프로젝트에 대해서는 일체 어떠한 얘기도 하지 않던 그가 지금 무슨 말을 할 수 있겠는가. 연구원들은 그가 유기화학(organic chemistry)에 대한 기본적인 지식이나 알고 지껄이는 것인지조차 의심스럽다는 표정이다.

사실 6개월전, 누씽이 프로젝트 매니저로 선임됐을 때 연구원들은 어안이 벙벙했다. 특히 그가 20년 전에 생물학 박사학위를 취득했지만 연구에는 전혀 흥미를 느끼지 못해 경영학을 복수 전공했다며 자기소개를 했을 때는 실소까지 터져 나왔다.

회사 경영진은 박사학위에 경영학까지 전공한 그를 연구 프로젝트에 적합하다고 생각해서 매니저로 선임한 것이다. 그런 사실을 알게된 후에도 연구원들은 의아했다.

왜, 비즈니스 센스가 넘치는 화학자인 선임연구원 헬렌 아피예트 박사를 매니저로 임명하지 않았을까.

제니스 팔로프스키 박사는 화가 치밀었다. 지금 그런 것을 고민하고 있을 때가 아니었다. 당장 경영진에 프로젝트 진행상황 보고서를 제출해야 한다. 연구에만 몰두해야할 이 시간에 보고서에다가 기본적인 전문용어조차 모르는 누씽을 개인교습까지 시켜야할 판이다.

"화합물 Z는 플래스티슨에 흐르는 자기량을 극대화시키는 동시에 전기저항력(magnetic reluctance)을 감소시키는 역할을 한단 말입니다. 그것이 Z 기술력의 핵심이라고 몇 번을 말했습니까. 전기저항이 높아지면 플래스티슨은 과열되어 기대했던 효과가 나타나질 않는다구요. 그러면 Z는 무용지물이 되는 거구요. 아시겠습니까."

팔로프스키는 그의 말을 고쳐서 다시 설명했다.

"아, 저항을 줄이라는 얘기 군요. 증가나 감소같은 말이야, 동일 선상의 다른 측면을 표현한 것 아닙니까."

누씽은 거만한 표정으로 다른 연구원들의 표정을 살피며 말했다.

"저항력이 높으면 자기량이 줄어들고 저항력이 낮을수록 자기량이 극대화되니까 플래스티슨에 흐르는 자기량을 극대화시키려면 저항력은 가능한 최소화시켜야 하겠고. 그렇지 않습니까. 팔로프스키 박사님."

말을 끝내고도 그는 다른 연구원들의 표정을 살피며 자신의 말이 맞는지, 틀리는 지를 확인하고 있었다.

"여러분은 모두 명석하시니까 이미 이해했으리라 생각합니다. 저항력이 최소화되도록 계속 연구해주십쇼. 최소치가 산출될 때까지 말입니다. 그때 다시 프리젠테이션을 하도록 합시다. 이의가 있다면 다시 자세히 설명할 수도 있습니다만, 오늘은 이것으로 마칩시다. 해외여행을 다녀와서 그런지 피곤하군요."

"더이상 프리젠테이션은 하지 않아도 될 것 같습니다. 이미 연구결과에 대한 프리젠테이션을 끝냈는데요"

아피예트는 지금까지 설명한 데이터와 보고서를 가리키며 말했다. 누씽은 거만한 그녀의 태도가 마음에 들지 않았다.

"너 좋은 결과를 얻기 위해서 연구는 계속돼야 하는 것 아닙니까. 또 그때마다 보고도 계속 해야 하구요. 제 말이 틀립니까."

동의를 구한다는 듯 누씽이 기술조수들에게 시선을 돌렸을 때, 베스티와 눈이 마주쳤다.

"아뇨 맞는 말씀이죠"

베스티는 억지 웃음을 보이며 대답했다.

다른 연구원들이 뭐라고 하든, 프로젝트 매니저에게 승진과 보수에 관한 큰 권한이 부여돼 있는 것은 엄연한 사실이다. 베스티는 지금 이 순간이야말로 승진을 꾀할 수 있는 좋은 기회라고 생각한 것이다. 그러나 그녀가 노골적으로 아부를 한 찰나, 김은 그녀의 정강이를 걷어찼고 고개를 숙인 채 고통을 참고있는 그녀는 다행히 단단히 화가 난 연구원들의 시선을 피할 수 있었다.

누씽은 날아갈 듯이 기분이 좋아져서 계속 말을 이었다.

"뭐, 프리젠테이션을 겁낼 필요는 없습니다. 프리젠테이션에 대해서는 제가 얼마든지 조언해줄 수도 있으니까요. 제가 기술영업부에서 터득한 노하우를 약간 얘기하자면, 일단 고객에게 제품의 메리트에 대해 자세하고 쉽게 설명을 하면 반드시 사게 돼있습니다. 솔직히 우리끼리 얘기지만 어디 최고경영진이 우리가 개발한 유기화합물의 기술상 문제까지 알려고 하겠습니까. 그저 프리젠테이션 할때, Z의 우수성을 잘 설명해서 안전하게 출시되도록 특허출원만 하게 된다면 무슨 문제가 있겠습니까. 일단 내놓고 수익성이 기대한 만큼 나오면 그만인 겁니다. 이젠 슬슬 경영진과 Z에 대한 얘길 해야겠다는 생각이 드는군요. 출시를 할 시점과 마케팅에 대해서도 ……."

연구원들은 그의 마지막 말에 놀란다.

팔로프스키가 말한다.

"아니, 이제야 유기화합물 Z의 안정성을 평가한 정돈데, 어떻게 출시를 한다는 얘깁니까. 제품을 출시하려면 아직 멀었습니다."

림과 아피예트 역시 강력하게 이의를 제기했다. 그러나 누씽은 그들의 얘기는 들으려고 하지도 않으며 고집을 부린다.

"사실 오늘 프리젠테이션이 끝나면 제품의 출시시점에 대한 얘길 좀 해볼까 했는데, 이 정도면 충분하다는 생각이 듭니다. 사장님도 이번 프로젝트에 관심이 많으십니다. 저도 이번 프로젝트가 전도유망한 사업이 될 것이라는 생각도 들구요. 여러분이 좀 분발해서 빨리 출시할 수 있도록 해주십쇼"

그후 누씽은 시간이 지날수록 더욱 프로젝트에 매달렸다.

프로젝트와 관련없는 제안은 과감하게 거절했고 보다 과학적이고 설득력있는 프리젠테이션을 위한 제안 역시 시간이 걸린다는 이유로 거부했다. 대신에 그는 '실현 가능성'이라는 말을 입버릇처럼 늘 말했다.

보다 확실하게 실현이 가능하도록 그는 기술 영업부로 전화를 걸었다.

"누씽, 연구개발부로 옮긴 이후 처음이군. 오랜만일세. 그새 획기적인 제품이라도 개발했나."

"그렇다네. 이번에 우리가 아주 놀랄만한 신제품을 개발했지. 그간 얼마나 바빴는지 모른다네. 연구개발부는 자네 부서와는 차원이 다르잖은가. 자네처럼 고객의 비위를 맞추는 말만으로는 연구가 되는 게 아니거든."

로버트는 누씽의 말을 듣고 기가 막혔다.

누씽은 자그마치 10년 동안을 기술영업부에서 근무하지 않았던가. 게다가 여성 고객들과 염문까지 뿌리고 다녀 급기야 이혼까지 당한 그가 마치 자기자신 혼자서 신제품을 개발한 것처럼 말하는게 어이가 없었다.

"이번에 우리가 개발한 유기화합물 Z는 지금까지의 플래스틴 시장을 완전히 뒤엎을 획기적인 제품이야. 사장님도 흥분하고 계실 정도니까 말일세. 연구개발 담당 기술이사도 어찌나 채근하는지. 빨리 프리젠테이션 일정을 잡자고 난리야. 그래서 요즘 눈코 뜰 새 없이 연구실에만 붙어있지 않나. 연구원들이 연구만 할 줄 알았지, 경영에 관한 한 내가 다 챙겨야 하니까, 여러 가지로 신경쓸 일이 한두 가지가 아니라네."

"잘됐구만. 허긴 자네는 연구원 출신이 아닌가. 같이 근무할 때도 항상 연구 얘길 많이 해서 자네같은 사람이 기술영업부에서 썩고있는 게 안타까웠는데, 정말 잘됐군. 그런데 내가 그 연구개발부 사람들을 좀 아는데 말일세. 자네가 연구원들하고는 잘 지내고 있는지 모르겠네. 말이야 바른 말이지, 그 친구들은 수학공식 같은 것도 제대로 모른다고 하면, 무슨 숙제도 하지않은 불량학생 대하듯 하질 않나."

그들은 수화기를 든 채 큰소리로 떠들며 웃어댔다.

누씽은 기분이 좋아져서 신나게 떠들었고 로버트는 점점 그의 말이 어디까지가 참이고 거짓인지, 분간을 할 수 없었다.

"자네 말이 맞네. 팍스 기술이사까지도 연구원들을 이해하지 못하더군. 골치 아픈 일에 왜 그렇게 매달리느냐 면서, 연구원들만 생각하면 골프스윙도 제대로 안된다고 분통을 터뜨리더라구.

하지만 뭐, 그 친구들을 마음대로 주무를 수 있는 위치에 있으면 문제될 거야 없지. 지금까지 별탈없이 잘 지내고 있다네."

로버트는 그가 최고경영진의 이름을 부르며 스스럼없이 말하는 모양새가 무척 거만하게 들렸다. 그러나 그가 허풍은 좀 있긴 하지만, 틀림없이 최고경영진 라인과 직접 연결돼 있으리라는 확신이 들었다. 어쨌든 회사생활을 편하게 하려면 최고경영진과 어떻게든 연결이 돼 있어야 했다.

로버트는 이 신제품이 바로 승진할 수 있는 절호의 기회라는 생각이 들자, 욕심이 생겼다.

"그럼, 언제쯤 우리 팀에서 그 신제품을 평가할 수 있겠나."

"조만간. 그리고 특허출원도 곧 할거니까. 자네 팀과 함께 미팅을 가지게 될걸세. 우선은 이 정도만 알고있게. 자네도 알겠지만 난 결코 자네를 잊지않고 있네. 지금은 연구개발부에 있지만 난 기술영업부가 내 천직이라고 생각하거든."

"자넨 정말 대단해. 프로젝트 매니저 역할을 제대로 하고 있어. 혹시 프리젠테이션에 정식으로 초대할 생각 없나. 나도 직접 보고 싶구만."

"오호, 그것 좋은 생각이군. 픽스 기술이사님께 얘길 해보겠네. 자네도 관심이 대단하다고 말이야."

수화기를 내려놓은 뒤에도 누씽은 흥분한 마음을 누그러뜨리기가 쉽지 않았다.

그는 특허출원서에 자신의 이름을 반드시 기입해야 한다는 메모를 하고는 생각에 잠긴다. 그는 'Z 프로젝트'의 매니저이자 리더로서 모든 내용을 알고 확실하게 진두지휘하고 싶어진 것이다.

로버트에게 어느 정도 얘길 흘렸으니, 프로젝트가 완성만 되면 그의 시나리오대로 일은 성사될 것이다. 그에겐 이제 기술영업부 직원을 프리젠테이션에 참석시키는 것에 대한 그럴듯한 이유가 필요했다. 그리고 무엇보다 'Z 프로젝트'의 진행상황을 확실히 알리면 연구원들이 어떻게 움직이고 있으며, 얼마나 연구에 몰입하고 있는 지도 파악해야 한다.

마침 그는 베스티를 통해, 연구원들이 데이터를 수집하느라 바쁘다는 정보를 기억해냈다.

이튿날 아침 미팅에서 그는 연구원들에게 유기화합물 Z에 관한 모든 데이터를 종합한 평가서를 제출하라고 통보한다.

그러자 아피예트는 최근 연구결과만 제외하고는 모두 제출했다고 대답한다.

"아, 그건 박사님 혼자의 생각이구요. 지금까지 박사님이 제출한 보고서를 검토해봤는데 상당히 부진하시던데. 제대로된 평가서를 좀 보고 싶습니다. 가능한 빠른 시일 내에 제출해주십쇼"

그로부터 이틀 후, 누씽은 백여 쪽에 달하는 프로젝트 평가서를 받는다.

그러나 곧 화난 표정이 되어 "2주 후에 제출한 평가서에 대한 브리핑이 있을 것"이라고 말한다. 연구진이 돌아간 뒤에도 그는 '작성자 이름'을 뚫어지게 쳐다보고 있다. 거기에는 단지 연구진 6명의 이름이 일렬로 인쇄돼 있을 뿐이었다.

"여러분 모두 정신적으로 좀 문제가 있는 것 아닙니까."

정확히 2주 후, 열린 브리핑에서 누씽은 연구원들에게 이렇게 운을 뗐다.

"지난 2주 동안 평가서를 재작성하느라 아주 혼이 났습니다. 난잡하게 데이터만 수집했지, 일목요연하게 정리하질 않았더군요. 혹여 제가 다시 작성한 이 평가서에 단어를 바꾼다거나 문법을 고친다거나 하는 쓸데없는 노력은 하지 않는 게 좋습니다. 여러분도 아시겠지만 제가 평가서 작성에 있어서는 회사에서 둘째가라면 서러워할 정도로 정평이 나있으니까요."

연구원들은 누씽이 퇴근한 뒤, 그가 난도질한 평가서를 다시 편집했다.

그가 주로 사용하는 단어를 삽입하고 기본 공식과 구조 등은 되도록 알기쉽게 바꾸어, 그가 작성한 것처럼 만들어 다시 자리에 갖다 두었다. 이로 인해 그날 잡혀있던 연구일정은 모두 이뤄지지 않았지만 재작성된 평가서가 너무 형편없었기 때문에, 누씽을 제외한 팀원 전체는 밤을 꼬박 지새울 수밖에 없었다.

이튿날 아침미팅이 시작되기 전, 누씽은 완성된 평가서를 다시 훑어 본다.

몇 번이나 다시 보아도 자신은 자타가 공인하는 서류작성의 일인자인 것이다. 흡족한 표정을 지으며 최종 그룹미팅을 겸해 열린 아침미팅에서 그는 다른 연구원들에게 이렇게 얘기한다.

"몇 가지 사소한 문제만 제외하고는, 프로젝트 평가서는 완벽하게 준비된 것 같습니다."

그는 평가서의 표지에 적힌 작성자의 이름을 툭툭 치며 단호한 태도로 말을 잇는다.

"제 이름이 여기에 빠졌는데……. 특허출원서에는 반드시 기입할 것으로 기대합니다. 이번 프로젝트에 제가 기여한 일은 모두 잘 알고 계시리라 생각합니다. 그리고 이제 남은 일은 이 평가서를 제본해서 회사에 배포하는 것인데. 이 일을 맡아서 해줄 사람은 제가 직접 찾아보도록 하겠습니다. 아무래도 곧 있을 프리젠테이션에서 이 평가서가 제대로 빛을 발휘하려면 따로 제본을 맡기는 것이 좋겠고 또 제가 끝까지 총괄하는 편이 여러모로 나을테니까 제가 알아서 하겠습니다. 여러분의 이름도 빛나도록 추진할테니까 걱정하실 필요는 없겠습니다."

그의 말을 들은 연구원들은 어이가 없었다.

이번 프로젝트를 모두 자신이 한 것인양 거만하게 말하는 태도 역시 마음에 들지 않았지만 연구원들은 어쩔 수 없다는 표정이다.

"어찌됐건 이번 프리젠테이션은 저희 연구진이 직접 하는 겁니다. 그렇죠"

림 박사는 반신반의하며 그에게 말했다.

"그 문제는 경영진이 평가서와 이번 프리젠테이션에 대해 어떤 기대를 갖고 있는지에 달려 있다고 생각합니다. 아무래도 경영진에게 설득력있게 어필하려면 프로젝트 매니저인 제가 하는 것이 낫지 않을까 싶은데요"

그가 말하는 동안, 팔로프스키는 밤새워 평가서를 새로 작성하고, 무엇보다 경영진이 보다 쉽게 이해할 수 있도록 기술적인

부분까지 세심하게 재고하고 수고했던 수많은 시간들을 기억해 냈다.

팔로프스키는 이의를 제기했다.

"이번 프로젝트의 기술적인 부분까지 보다 쉽게 이해하기 위해선 저희 연구진이 직접 하는 것이 더 유리하지 않겠습니까. 프리젠테이션이 비즈니스와 직결되는 것도 아니니까 말입니다."

"맞습니다만, 여러분이 우려하는 것 이상으로 저도 충분히 경영진을 이해시킬 수 있다고 생각합니다. 또 제가 팀의 리더니까 제가 직접 프리젠테이션을 하는 것이 바람직하다고 봅니다. 뭐, 여러분이 원한다면 프리젠테이션에 함께 참석할 수 있도록 제가 손을 써보겠습니다만, 참석을 하게 되더라도 다른 이상한 얘긴 하지 않깁니다. 제가 팀의 리더로서 프리젠테이션을 어떻게 하는지 조용히 지켜보기만 하면 되는 겁니다."

그는 자신이 말을 꺼내 놓고도 연구진이 모두 참석하겠다는 얘기에 불안했다.

사실 그는 연구진이 이번 프로젝트에 대해 얼마나 걱정을 하고 있는지 모른 채, 최고경영진이 감동할 보다 뛰어난 전략을 구상하기에 여념이 없다.

무엇보다 평가서와 프로젝트의 좋은 이미지를 사내에 소문낼 만한 사람이 있어야 했다. 어느 정도 이목을 끌어놔야 프리젠테이션이 있는 날, 경영진으로부터 후한 점수를 받게될테니까. 무엇보다 그에겐 프로젝트를 완성하기 위한 적합한 인물이 하나 필요했다.

그녀의 아름다운 혀는
하루 종일 쉴 줄 모르고
그녀의 두뇌는
점점 비천해진다네.

모든 것이 폐기되고
연구진은 몰락해 버려도
승진은 된다네.

디지털 탁상시계는 4시를 가리키고 있다.

학부 재학시, 화학을 전공한 바 있는 돈나 트리비는 흰 가운을 벗어 던지고 핸드백에서 담배갑을 꺼내 담배를 입에 물었다. 넓은 연구실에 피어오른 담배연기는 빨갛게 칠해진 길다란 손톱 위로 뿜어져 나왔다.

그녀의 연구실에는 LCD모니터와 넓은 책상 한대, 편안한 가죽소파, 에어컨디셔너가 들어차 있었다. 어디에도 실험도구 따위는 찾아볼 수 없었으나, 그녀의 명찰에는 분명 '돈나 트리비 연구원'이란 이름이 선명하게 찍혀 있다.

그녀는 다시 한숨을 쉰다.

오늘 아침에도 그녀는 연구개발부 'Z 프로젝트' 팀의 프리젠테이션이 곧 있을 것이라는 얘길 들었다.

며칠동안 그녀는 유기화합물 Z에 대한 정보를 얻기 위해 연구개발부 연구원들과의 만남을 시도했지만 번번이 어긋나고 말았다. 그녀는 의자에 기댄 채 생각에 잠긴다.

책상 위에는 8살 짜리 소년이 그녀를 향해 환하게 웃고 있다.

그녀는 이혼녀이다. 전남편은 그녀의 낭비벽과 사치, 허영심을 채워주기엔 역부족이었다. 지금도 전남편은 아들의 양육비 명목으로 일정금액을 그녀의 온라인 계좌로 송금하고 있었지만, 그녀는 대부분을 자신의 겉치레를 위해 지출했다.

이러한 사실을 알 리 없는, 경영진은 그녀가 혼자서 아이를 기르고 있다는 딱한 처지를 동정했다. 연구성과가 전무하다시피 한 그녀에게 개인 연구실과 기술조수, 고급 승용차까지 선심을 썼다. 그러나 그녀는 항상 보수와 처우문제에 대해 상당한 불만을 가지고 있었다.

그때 갑자기 전화가 요란하게 울려댔다.

"트리비씨, 저 낸시에요. 유기화합물 Z 프로젝트에 대한 정보를 입수했어요"

낸시는 그녀의 기술조수이자 비서였다.

며칠 보이지 않더니, 연구개발부의 'Z 프로젝트' 건에 대한 정보를 수집했던 모양이다. 그녀는 흘러내린 긴 미리가락을 다시 쓸어 올리며 낸시에게 자세히 얘기해보라고 채근했다.

"연구개발부 케인 박사의 기술조수로 있는 베스티라고 아시죠. 베스티에게 들은 바로는 이번 프리젠테이션을 누씽 박사가 직접……."

낸시가 '누씽 박사'라고 말했을 때, 그녀는 하마터면 소리를 지를 뻔했다.

누씽은 회사 내에서도 유명한 인물이다. 박사학위를 가진 연구원이면서도 경영마인드까지 고루 갖춘, 최고경영진도 인정하는 프로젝트 매니저가 바로 그이다.

그녀는 어떻든 그와 연결만 된다면야 더 바랄 것이 없으리라고 생각한다.

낸시는 누씽 박사가 요즘 많은 인사들과의 접촉을 위해 회사 내에 유력한 로비스트를 물색하고 있다고 전했다.

그녀는 연구원들도 어쩔 수 없다는 생각을 한다. 낸시는—그녀에게 인사권이 있다는 사실 때문에—시키지도 않은 일까지, 하고 있는 게 아닌가.

"낸시, 정말 수고했어요. 이번 연말평가, 걱정하지 말아요. 무슨 말인지 알죠"

수화기 너머로 밝은 웃음소리를 들으며 그녀는 전화를 끊는다.

필터까지 타 들어간 담배를 비벼 끄고 다시 수화기를 든 그녀는 집과 뷰티 숍으로 전화를 하느라 부산하다. 손톱 정리하고 머리손질, 마사지를 끝내고 누씽 박사를 만나기까지의 모든 시간을 체크한 뒤, 그녀는 하이힐을 찾아 신는다.

트리비는 다시 거울을 보고 있다.

잘 셋팅된 곱슬머리에 최신 유행의 정장 슈트. 무엇보다 적극적이고 세련된 분위기를 연출하는 액세서리와 향수로 마무리한 모습은 어딜 보아도 전형적인 로비스트이다.

그녀는 뿌듯하다는 표정으로 누씽의 사무실로 들어선다.

"이렇게 갑자기 찾아봬서 제가 업무에 방해된 것은 아닌지, 마음에 걸리네요."

그렇게 말하고 있었지만, 그녀의 얼굴 어디에도 미안한 구석은 없다. 단지 미소를 띤 채 천천히 입술만 움직일 뿐이다.

"최근에 완성한 평가서를 제본하신다고 들었습니다. 마침 제가 인쇄와 제본을 담당하는 잭과는 절친한 사이라서 도울 수 있을 것 같아서요. 또 같은 연구원으로서 Z 프로젝트가 궁금하기도 하구요."

누씽은 그녀의 미끈한 다리를 보고 있다. 다른 연구원들과는 달리 그녀는 키가 크고 호리호리한 체형에 아름답기까지 하다.

"아니, 지금까지 어디에 있었소. 회사 내에서 한번도 본 적이 없었던 것 같은데, 안그렇소."

"그동안 바쁘셔서 주위를 돌아볼 틈이 없으셨겠죠. 저도 말씀만 많이 들었어요. 이렇게 직접 뵙게되어 기쁩니다. 그럼 이제 남은 일은 저와 같이 추진하시죠. 제가 열심히 돕겠습니다. 우리

앞으로 잘 지내요."

그녀는 손을 내밀었고 누씽은 기다렸다는 듯 악수를 했다. 그녀의 손은 길고 흰데다가 손톱은 잘 정리돼 있다.

트리비는 자신의 수표책과 똑같은 녹갈색의 눈동자를 바라보고는 손아귀에 힘을 주었다.

"그런데 그런 정보를 어디서 들었소"

"그 정도는 쉽게 들을 수 있는걸요. 사실 연구개발 담당 기술이사님과는 잘 아는 사이라서요"

누씽은 그녀의 얘기에 사실 굉장히 놀랐지만 내색하지 않은 얼굴로 얘기한다.

"허긴 사장님도 아주 가까운 친구가 아니고는 얘길 잘 안하시죠"

"사장님을 잘 아세요"

트리비는 그가 사장과 절친한 사이라는 얘기에 깜짝 놀란다.

"우리끼리 얘기지만, 사장님은 요트를 너무 좋아하세요. 지난 여름에 함께 요트여행을 했을 때도 어찌나 아이처럼 요트를 좋아하시는지, 어떤 때는 진짜 선원 같다니까요"

그녀는 말하는 내내 누씽의 얼굴을 자세히 살핀다. 놀란 표정이 역력하다.

지난 여름, 그녀는 사장의 요트를 타긴 했었다. 사장을 만나기 위해 직접 요트 정박장으로 찾아가 한번만 태워달라며 간청을 해서 간신히 사장의 요트에 올라탔던 것이다.

두 사람은 자리에서 일어나 사무실을 나간다. 복도를 천천히 걷고 있는 두 사람.

어느새 남자의 팔이 여자의 어깨 위에 올려져 있고, 이어 소프라노의 웃음소리가 휑한 복도를 울린다. 그리고 그들이 지나간 자리에선 고약스런 냄새도 함께 진동한다. 오감을 교란시키는 여자의 향수는 구토를 일으킬만 했고 남자에게선 구린내와 악취가 났다.

"번쩍이는 묘안이 있으면 말해보세요. 트리비앙."

그녀는 깔깔거리고 짐짓 부끄러운 체하다 그에게 말한다.

"제게 뭘 해주실 건데요"

"프리젠테이션에 정식으로 초대하겠소. 함께 참석하는 거요"

누씽은 그녀가 분명히 로비스트의 역할을 잘 해줄 것이란 생각을 하고 있다. 일단 그녀는 아는 사람이 많은 게 분명했다.

"너무 좋아요. 근데 부탁이 하나 있어요"

그녀는 자신과 함께 일하는 연구원이 3명 있는데, 현재 프로젝트가 없어 팀으로서의 제 구실을 못하고 있다며, 지금이라도 유기화합물 'Z 프로젝트'에 합류해서 함께 완성하는 게 어떠냐는 것이다.

사실 그런 얘기라면 아무리 프로젝트 매니저이고 리더라고 해도 프로젝트 연구원들과 함께 결정해야 했지만, 누씽은 전혀 그럴 마음이 없다. 그는 오전에 있었던 일로 인해 지금껏 심기가 불편했던 터였다.

아침 미팅이 끝나고 법제팀의 변리사 하나가 유기화합물 Z의 특허출원 건으로 누씽의 사무실에 들렀었다. 그런데 그는 다짜고짜 특허출원서의 작성자 이름을 가지고 불평을 늘어놓는 게 아닌가. 이제까지 프로젝트 매니저의 이름을 삽입한 사례가 없고 법률적으로도 부당한 처사라는 말까지 하는 것이다.

"특허법에 따르면 발명자는 아이디어를 구현시킨 사람이지, 프로젝트를 관리한 사람은 아닙니다."

"아니, 프로젝트 매니저가 뭐요. 난 지금까지 Z 프로젝트의 전반적인 사항을 총괄하는 책임자로서 실험 계획을 승인하고 경영진에 진행상황을 보고하고, 프리젠테이션과 수시 브리핑, 그외의 많은 미팅을 모두 추진하고 평가했소. 내 업적이 이렇게 큰데도 이름을 누락시키겠다니, 그게 말이 된다고 생각하오."

그러나 그의 항변에 맞장구를 치는 연구원은 단 한명도 없다.

변리사는 고개를 흔들며 특허출원서에 기재된 단 누씽이란 글자를 두 줄로 좍좍 그으며, 더 이상 문제삼지 말라는 말까지 덧붙인다.

기분이 상할대로 상한 누씽은 그 일이 있은 후부터 내내 한 가지 생각뿐이다. 더구나 아직 프로젝트가 완성된 단계는 아니니까 트리비를 잘만 이용하면 'Z 프로젝트'를 어그러뜨릴 수도 있으리라.

"오, 좋은 생각이군. 사실 유기화합물 Z에 대한 평가를 우리가 내린다는 것이 좀 찜찜했었소. 그런데 분석평가 팀이 객관적으로 분석해준다면 공정하고 합리적인 평가가 이뤄지겠군. 공식적인 프리젠테이션이 있기 전에, 리허설로 직접 안정성을 실험해보고 검증해보는 것도 괜찮을 것 같소. 일단 해봅시다."

●●●

　　　연구개발부의 유기화합물 'Z 프로젝트' 연구원들
은 모두 한 자리에 모였다. 갑작스런 누씽의 통고에 다들 어안이
벙벙해진 채 그의 부당한 처사에 대해 토로하고 있던 중이다.

　　"우리하고는 협의도 하지 않고 자기 마음대로 이래도 되는 겁
니까. 아니, 무슨 다 늦게 추가평가 작업입니까. 지금까지 얼마
나 고생을 했는데, 고양이에게 생선을 맡기는 격이지. 왜 하필
돈나 트리비냐구요. 나참, 기가 막혀서."

　　림은 담배를 비벼 끄며 이를 갈았다.

　　"아니, 도대체 우리 프로젝트 어디에 문제가 있다고 다른 연
구팀하고 공동 평가작업을 한답니까. 정말 화가 나서 못참겠어
요."

　　팔로프스키는 연구원같지도 않은 트리비에게 원본을 송두리
째 빼앗긴 것도 화가 났고, 얼토당토않은 팀에게 프로젝트의 평
가를 순순히 맡겨버린 누씽의 처사도 괘씸했다.

　　트리비는 사내 연구원들 사이에서도 '무늬만 연구원인 패션
모델'로 불릴 만큼 연구에는 관심도 없는 이혼녀로 유명하지 않
은가.

　　"우리 프로젝트가 문제가 없다는 사실은 어느 연구실에서나
모두 인정하고 있는 사실 아닙니까. 그런데 경영진 놈들이 연구
진하고는 대면조차 하지 않으려고 하니까, 결국 트리비의 엉터

리 보고서로 위장해서 프리젠테이션을 하겠다는 얘긴데. 이렇게 되면 이제까지 우리가 고생한 것은 어떻게 보상받을 수 있는 겁니까."

아피예트는 모든 정황으로 볼 때, 그들이 짐작한 대로 프로젝트는 엉망이 될 것이라는 예감이 들었다.

케인은 주먹을 쥔 손으로 자신의 머리를 치고 있다.

"이 무슨 '다 된 죽에 코 풀기' 입니까. 정말이지, 너무 화가 납니다. 이렇게 주먹으로 머리를 치면 쿵 하는 소리가 들리겠죠. 지금 내 심정처럼 말입니다."

"아직까지 음향이 진공상태를 통과했다는 말은 못 들었는데."

림은 케인의 주먹 쥔 손을 풀며 말했다.

연구원들은 서로를 다독이며 연구실로 향했다. 그들은 '죽 쑤어 개 좋은 일만 했다' 는 둥, '아닌 밤중에 홍두깨' 라는 둥 번갈아 속담을 얘기하며 킬킬댔다.

예상했던 대로, 누씽의 적극적인 지원 아래 트리비는 유기화합물 'Z 프로젝트' 에 관한 종래 연구원들의 의견을 철저히 무시했다. 더욱이 그녀의 분석평가 팀원들은 'Z 프로젝트' 의 객관적이고 공정한 평가를 위해, 담당 연구원들의 보고서와 데이터 등은 일체 참고하지 않을 것이라고 단호하게 말했다.

트리비의 분석 평가서가 나올 때까지 연구원들이 할 수 있는 일이라고는 분석평가 연구실 주위만 맴도는 것뿐이었다.

연구원들은 분석평가 연구실을 지나칠 때마다, 장시간에 걸쳐 강한 형광등 불빛에 무방비 상태로 노출돼 있는 고가의 샘플들과 어지러운 책상 위에 펼쳐진 기기들을 보았다. 더구나 작은 충격에도 민감하게 반응하는 기기들은 아무 데나 놓여져 있고 특히 불순물로 오염된 수돗물에 담겨있던 샘플을 제대로 정제하지도 않은 채 실험하는 모습을 지켜봐야 할 때는 탄식과 눈물로 시간을 보냈다.

분석평가 팀의 실험이 시작된 지, 열흘이 지났다.

트리비는 'Z 프로젝트'가 알려진 것과는 달리, 실험결과가 형편없다는 소문을 내고 다녔다. 그녀는 실험결과가 이렇다면 더이상 유기화합물 Z의 안정성을 신뢰할 수 없을뿐더러 프리젠테이션 역시 필요없는 일이 아니겠냐는 식의 이야기를 회사 내에 흘리고 다녔지만, 'Z 프로젝트'의 연구원들은 동요하지 않았다.

그동안 연구원들은 트리비 팀의 연구실적이 터무니없을 것이라는 얘기를 누씽에게 여러 차례 말했었다. 그러나 누씽은 번번이 그들의 얘기를 근거없는 시샘에서 비롯된 헛소리라며 빈정거렸다.

누씽은 트리비 팀의 평가자료와 결과내용을 최종 평가서에 첨부하라고 말하고 평가서에 트리비 팀원의 이름을 모두 기입하라고 했다.

프리젠테이션 날짜가 조정될 즈음, 회사 내에는 학사 학위밖에 소지하지 않은 트리비가 박사 연구원들이 연구한 'Z 프로젝트'의 위험요소와 오류를 완벽하게 검증해냈다는 소문이 퍼져 있었다. 이로써 누씽과 트리비는 승진하는 데에 충분한 자질을 갖춘 공격적이고 독립적인 연구원으로서 평가되었다.

이제

그는 다시 원기가 왕성해졌네.

그는 열정을 모두 프로젝트에 쏟았지.

그에게 남은 것은

악취와 구린내 뿐.

이제

그의 악취와 구린내가

평가받을 때가 됐네.

뜨거운 공기가 하늘로 치솟을 때

함께 올라가는

그를 볼 수 있을걸세.

잘 보고 배우게나.

　　새로운 프리젠테이션의 일장이 최고경영진과 사외 이사들에게 모두 고지되었다.

　　연구개발부와 마켓팅, 기술영업부, 그리고 프로젝트의 제조를 담당할 실무자 등이 약속시간에 맞춰 연구개발 담당 기술이사실 옆 회의실에 자리했다.

　　사실 그들 가운데 프리젠테이션에 관심이 있는 사람은 손에

꼽을 정도이고, 대부분은 팍스 기술이사에게 잘 보이기 위해 참석한 것이다.

'Z 프로젝트'의 연구원들은 누씽의 비서를 통해 이번 프리젠테이션에 참석하지 말라는 통고를 받았다. 비즈니스 문제까지 폭넓게 협의하기로 돼 있기 때문에 가급적 연구원들은 배제하라는 최고경영진의 지시가 있었다는 것이다.

프리젠테이션이 열리는 날, 연구원들은 휴게실에 모여 회사의 미래에 대해 얘기하고 있다.

그 시간, 누씽과 트리비는 많은 경영진 앞에서 프리젠테이션을 하고 있다. 그들은 짙은 코발트색의 슈트를 똑같이 맞춰 입고 지휘봉을 흔들거리며 자료를 설명하고 있다. 이미 트리비의 분석 평가서에 대한 소문을 들어서 잘 알고 있는 경영진은 말없이 슬라이드 영사기만 바라볼 뿐이다. 그러나 그 와중에도 참석자들 가운데 팍스 기술이사가 그녀를 향해 미소짓는 것을 보지않은 사람은 아무도 없었다.

어느새 프리젠테이션이 끝나고 이제 유기화합물 Z에 대한 경영진의 '심판' 만이 남았다.

팍스 기술이사가 맨 먼저 입을 연다.

"음, 정말 대단한 프리젠테이션이로군. 분석 평가서도 최고야. 이제 점심시간인데 식사 전에 이 자리에서 다 결정하는 게 어떤가. 다들 'Z 프로젝트' 에 대해 얘기를 좀 해보게."

"이렇게 뛰어난 프로젝트를 사장시킬 수는 없습니다. 프로젝트를 어떻게 해야할지, 연구원들과 직접 논의를 해봐야 한다고 생각합니다. 이번 프리젠테이션에 담당 연구원들을 배제시킨 이유가 무척 궁금하군요."

미래기술개발부의 호팔스키 프로젝트 매니저가 물었다.

"비즈니스를 주로 논의해야 하는데, 연구원들이 있으면 아무래도 제대로된 협의가 이뤄지지 않을 것이라는 기술이사님의 지시가 계셨습니다."

누씽이 곽스의 눈치를 살피며 설명했다.

마켓팅부의 삿또 팀장도 최소한 유기화합물 Z가 수익성이 있는 것 같다고 말한 뒤, 시장조사부터 시작하는 게 어떠하겠냐는 뜻을 내비쳤다. 그러자 누씽과 함께 근무했던 적이 있는 기술영업부의 로버트가 말한다.

"아니, 방금 트리비양의 분석평가를 보고도 그런 말씀이 나옵니까. 유기화합물 Z의 안정성을 신뢰할 수 없는데, 어떻게 시장조사를 하고 제조를 합니까. 'Z 프로젝트' 연구원들이 정신나간 사람들 아닙니까. 이것도 연구라고."

"말씀이 너무 지나치시군요."

미래기술개발부의 마이크 밴더 부장이 이의를 제기했다.

"일단 유기화합물 Z가 불안정한 것은 앞으로 연구원들이 해결해야할 과제입니다. 우린 트리비양의 개략적인 설명만 들은 것 아닙니까. 'Z 프로젝트'의 우수성은 다들 인정하실테니까. 이 자리에선 프로젝트를 도중하차시키느냐, 진행시키느냐를 먼저 결정해야 한다고 봅니다."

"그렇지만 어쨌든 초기비용이 많이 들어간다면 그건 당장 재고해야할 문제가 아닙니까."

밴더와 로버트의 의견에 경영진은 그렇다, 그렇지 않다로 나뉘었고 금세 회의실은 난장판이 되었다.

"자자, 이제 그만들 하시오. 난 앨씨 생각을 들어보고 싶구만. 앨씨는 어떻소. 현행 특허법에 준해서 Z화합물이 시도할 만한 가치가 있다고 보시오"

팍스는 입사한지 얼마되지 않은 신참 변리사에게 물었다.

앨은 예상하지 못한 물음에 당황하며 어쩔 줄 몰라한다. 그는 며칠 전, 'Z 프로젝트'의 특허출원 문제로 법제팀장에게 혼이 났던 기억을 더듬으며 대답한다.

"특허 심사위원회에서 문제삼기는 하겠지만, Z화합물이 충분히 가치있는 것이라면 시도해야 한다고 봅니다만……."

앨은 순간, 팍스가 입을 삐죽거리며 양미간을 찌푸리는 것을 보았다.

"하지만 쉽진 않을 것입니다. 특허내는 것조차 엄청난 시간과 비용이 들어간다면 회사로서도 막대한 손실을 입게 될테고"

"막대한 손실을 입게 된다면, 아예 하지 않는 게 좋겠구만. 그래, 다른 사람들 의견은 어떤가."

참석자 가운데 팍스의 결론에 이의를 제기하는 사람은 아무도 없었다.

"트리비양, 회사를 위해 아주 어려운 평가를 내려줬소. 연구원 중에도 트리비양처럼 실력있는 사람이 있는 줄 미처 몰랐구만. 아주 만족스럽소"

팍스의 얘기에 누씽도 거들었다.

"정말 제가 그토록 찾던 솔직하고 과감한 분석평가를 내려준 것에 감사합니다. 트리비양."

그러자 트리비는 활짝 웃으며 이렇게 말한다.

"사족입니다만, 제가 보기엔 유기화합물 Z가 Zero의 머릿글자 같다는 생각이 들어요. 상품가치가 제로라는 뜻일까요."

이렇게 유기화합물 'Z 프로젝트'는 완전히 무산되었다.

특허출원서도 폐기되고 프로젝트를 위한 어떠한 연구나 노력도 철회되고 말았다. 그리고 종래의 'Z 프로젝트' 연구원들은 지금까지 투자된 비용을 보다 빨리 회수하기 위한 새로운 프로젝트에 투입돼 밤낮없이 연구에 몰두해야 했다.

'Z 프로젝트'가 폐기된지, 만 7개월이 지났다.

여전히 회사 복도에는 구린내와 악취가 진동했다.

그후, 누씽은 엔지니어링 개발부의 부장대우로 승진했다. 물론 그는 부장대우에 걸맞는 연봉과 고급 승용차를 선물받았고, 여기저기 인사를 하러 다니느라 바쁜 나날을 보내고 있다.

돈나 트리비는 예상대로 돈나 트리비-누씽이 되었다.

그리고 그녀가 연구개발부의 프로젝트 매니저로 임명되던 날,

종래의 'Z 프로젝트' 연구원들은 모두 사직서를 제출하고 퇴사해버렸다.

"눈에 가시같던 연구진이 떠나고 나니까, 10년 묵은 체증이 한꺼번에 내려간 것 같습니다. 앞으로는 프로젝트 매니저가 직접 팀원을 채용하는 인사기준을 마련했으면 합니다. 또 무엇보다 능력있는 매니저들이 신입 연구원들의 면접을 봐야한다고 생각합니다. 아무래도 경영진의 눈이 정확하니까요."

평소 트리비-누씽을 신뢰하던 곽스는 그녀의 건의를 적극적으로 수용하겠다는 뜻을 밝혔다. 그러자 사내의 선임연구원들이 반발하고 나선다.

"연구를 어떻게 하는 것인지조차 제대로 모르는 사람들이 무슨 수로 연구원을 선발한다는 말입니까. 매일 어떻게 하면 윗사람에게 잘 보일까 하며 눈치나 보는 사람들이."

"그 뿐인가. 연구원으로 있다가도 프로젝트 매니저로 발령만 나면 다들 이상하게 변하잖아. 그런 매니저들하고 어떻게 프로젝트를 같이 하고, 그런 눈으로 어떻게 신입을 뽑아."

연구원들은 매일 삼삼오오 모였다하면 회사의 미래가 걱정된다는 둥, 회사가 구린 인간들로 넘처난다는 둥의 화제로 시간을 보내기 일쑤이다.

그러는 사이, 유기화합물 'Z 프로젝트'는 잊혀졌다.

이젠 어느 누구도 'Z 프로젝트'의 연구원들에 대해 얘기하는 사람도 없고, 더이상 누씽과 트리비-누씽도 도마 위에 오르지 않았다.

그러던 어느 날이다.

연구개발부의 기술조수인 베스티가 '화학 엔지니어링 산업신문' 최근호를 연구실로 들고 들어와 흥분된 목소리로 말한다.

"자자, 모두 잘 들어보세요"

그녀는 큰 소리로 웃으며 인쇄물을 들고 읽는다.

"본지는 최근 다국적 화학기업인 '루미넥스 인더스트리사'와 합병에 성공한 아피예트 주식회사를 취재했다. 아피예트 주식회사는 세계 화학시장을 겨냥한 유기화합물 '제타'를 개발해낸 기업이며, 특히 화학협회지가 선정한 올해의 가장 주목받는 업체로서 비교적 짧은 기간 내에 급성장한 기업이다. 이 회사의 부사장인 제니스 팔로프스키 박사는 신물질 제타에 대해, 사실 유기화합물 제타가 더 일찍 선보일 수도 있었으나, 당시 K기업 경영진들의 오판으로 인해 폐기됐다며 이번에 회사를 설립하면서 출시하게 돼 무엇보다 감회가 새롭다는 말을 전했다. 특히 마케팅부와 제조부를 각각 책임지고 있는 마크 케인 박사와 앨버트 림 박사는 무엇보다 제타에 대한 연구원들의 신뢰가 높았기 때문에 계획대로 실현시킬 수 있었다는 의미심장한 발표를 했다. 또한 아피예트 주식회사의 대표인 헬렌 아피예트 박사는 이렇게 빠른 기간내에 급성장을 이룰 수 있었던 '성공비결'에 대해 다음과 같이 말했다. '제타의 최초 아이디어부터 출시까지 전반의 과정에 연구원 모두가 직접 참여했기 때문이며, 무엇보다 전문적인 마케팅과 경영까지 맡고 있는 연구원들이 모두 적극적이며 신중하게 일처리를 해왔기에 별 무리없이 회사를 운영할 수 있었다. 큰 힘이 돼주는 연구원들에게 항상 감사하다.'는 말을 전했다. 취재 기자가 이번 인터뷰를 진행하면서 가장 인상깊었던 것은 무엇보 다 적은 인원이지만, 모두 한마음으로 회사를 사랑하고 있었다 는 점이다. 그리고 이러한 마음이 아피예트 주식회사를 성공시 키고 성장시켰던 비결이 아닌가, 하는 추측을 하게 했다."

베스티는 읽는 내내 서글픈 생각이 떠나지 않았다. 듣고 있던 연구원들 가운데는 좋아하는 사람이 있는 반면, 베스티처럼 서글 퍼하는 사람도 있다.

그리고 얼마 지나지 않아 이 신문기사는 회사를 떠들썩하게 만들었다. 누구든 모였다하면 이 얘기였다. 그러던 어느날, 프로 젝트 매니저간의 긴급회의가 소집되었다.

"모든 일이 항상 예상했던 대로 이뤄지지는 않습니다. 어떤 결과가 생길지 아는 사람은 아무도 없습니다. 관련 자료와 정보 를 토대로 어떠한 결과가 도출될지 계산하고 추정하는 것 뿐이 죠. 물론 제가 오판을 했기 때문에 이번 건과 같은 일이 발생한 것은 사실입니다. 그러나 사람들은 회사 경영상태가 좋아졌다고 하면, 자신들이 모두 잘 했기 때문에 그런 것이라고 하고 회사가 어려워지면 모두 매니저들이 잘못해서 그런 것이라며 매니저 탓 만 합니다."

트리비-누씽의 눈에는 눈물이 어려 있다.

그녀는 한숨을 내쉬며 말하기도 힘들다는 듯 힘겹게 자신의 입장을 설명한다. 그러자 누씽이 말을 잇는다.

"이번 일로 동요하지 마십시오. 연구원들이 프로젝트를 훌륭

하게 처리하리란 기대도 절대 하지마십쇼. 우리 회사만 보더라
도 프로젝트 하나에 엄청난 비용이 들어가는데, 이는 모두 연구
원들이 빨리빨리 연구결과를 보고하지 않고 계획대로 연구를 하
지 않기 때문입니다. 이제 곧 프로젝트 매니저가 연구원의 인사
권을 쥐게 될 것입니다. 혹여 이번 일로 인사권과 관련한 문제가
생긴다면, 다같이 연대해서 프로젝트 매니저가 인사권을 집행할
수 있도록 힘을 모아야 합니다. 정말이지, 우린 충분히 연구원들
을 해고시킬 자격이 있습니다."

그러자 프로젝트 매니저들이 술렁이며 그의 얘기에 긍정하는
목소리가 터져 나왔다.

곧이어 그가 테이블을 치며 좌중을 둘러보더니 말을 이었다.

"일이 이렇게 된 마당에 솔직하게 털어 놓겠습니다. 'Z 프로
젝트'를 총괄했던 프로젝트 매니저로서 전 애초부터 그들의 저의
가 무엇인지, 약간 짐작하고 있었습니다. 그들은 회사가 프로젝
트를 폐기시키자, 자신들에게 유리하도록 일을 꾸민 것입니다.
일부러 프리젠테이션에서 사용될 샘플과 기기를 엉터리로 만들
어 놓고 일이 엉망으로 틀어지는 것을 확인한 뒤에, 퇴사한 그때
부터 본격적으로 유기화합물 Z를 제조하기 시작한 것입니다. 전
지금도 연구개발부의 'Z-4인조'야말로 '인간 말종'이란 생각을
하고 있습니다. 그래서 여러분에게도 연구원은 믿지 말아라, 연
구원의 인사권은 프로젝트 매니저에게 있어야 한다고 주장하는
것입니다. 회사의 이익은 나몰라라하고 자신들의 이익 찾기에만
급급한 저들의 한심한 짓거리를 좀 보십쇼"

## 제7장

# 항상 깨어 있어라

당신이 잠든 사이에, 산타클로스는 선물 대신에 재산을 훔쳐갈지 모른다.
당신이 워크숍이나 단합대회, 연수 등의 사내 행사에 불려가 술을
퍼마시고 있을 때, 최고경영진은 라스베가스에서, 해외원정도박판에서
회사를 위험에 빠뜨릴 놀음에 빠져있을지 모른다.


　　　　연구개발부 연구원들은 모두 게시판에 걸린 '공고'
를 보며 어안이 벙벙해졌다. 팍스 기술이사의 직인이 찍힌 공고
옆에는 컬러 화보가 같이 꽂혀 있었다. 연구실 복도에는 '단합대
회'에 대해 떠드는 목소리와 웃음소리로 가득하다. 팍스는 '팀웍
을 향상시키기 위해' 단합대회를 개최한다는 공고를 게시했던
것이다.

　본문에는 프로젝트 관리위원회가 향후 제조개발 연구방향에
영향을 미칠 수 있는 '의사결정 및 계획 프로세스'에 선임연구원
을 비롯한 연구진을 포함시키기로 결정했다는 내용이 있다.

　제니퍼 아담스 박사와 데이브 브래들리 박사, 그리고 폴 리우
박사는 흥분된 목소리로 공고문을 훑어보고 있다.

"연구개발부에 틀어박혀 지낸 지도 벌써 6년이군요. 그동안 연구실에만 있었더니 제 몸에서 썩은 냄새가 나는 것 같습니다. 바깥바람 쐬는 게 얼마만인지 모르겠어요."

브래들리는 환한 얼굴로 리우의 어깨를 건드리며 말했다.

리우는 고개를 끄덕였지만, 경직된 얼굴로 얘기한다.

"브래들리 박사님. 그렇게 흥분할 것까진 없을 것 같습니다. 그저 4시간 걸리는 곳인데요. 뭐. 프로젝트 관리에 관한 의견을 적극적으로 개진해볼 수 있는 좋은 기회인 것 같긴 합니다만, 이번에는 반드시 저의 뜻을 경영진도 받아들였으면 합니다."

"나도 그러길 바랍니다. 자, 이 카탈로그 좀 보십쇼. 수영장에 테니스 코트, 골프 코스까지 완비된 리조트로군요. 이런 곳에서 단합대회를 하게 되다니 믿기지 않는군요. 골프클럽이 있다면 마음껏 스윙이나 하다가 왔음 싶은데, 아쉽네요."

리우는 이미 리조트에 가 있기나 한 듯이 스윙자세를 선보인다.

그때 아담스가 한 마디 한다.

"솔직히 연구진 미팅을 회사 밖에서 하는 거잖아요. 놀러가는 게 아니라구요. 더구나 우린 지금 수행중인 프로젝트의 프리젠테이션을 위해서 참가한다는 사실, 잊지마세요."

그녀는 동료들에게 미소지으며 낮은 음성으로 말을 잇는다.

"우리가 이번에 참석하게 된 것은 순전히 프로젝트 매니저가 경영진에게 기술적인 설명을 전혀 하지 못했기 때문이잖아요."

"아침부터 저녁까지 맛있는 음식과 휴식도 함께 즐기다 오면 어떻습니까. 누가 뭐라고 하는 것도 아닌데."

브래들리가 어깨를 으쓱하며 말했다.

리우 역시 그의 얘기에 고개를 끄덕이며 맞장구를 친다.

"온갖 종류의 도넛까지 있겠죠. 생크림이 듬뿍 얹어진 도넛부터 초콜릿을 입힌 도넛까지. 생각만 해도 군침이 넘어가지 않습니까."

장대처럼 큰 키에 호리호리한 체격을 가진 리우는 언제나 배가 고프다며 투덜거리곤 했다. 도넛 얘길하며 침까지 삼키는 그를 보며 아담스는 깔깔거린다.

"리우 박사님 좋겠어요. 그렇다면 저도 이번엔 칼로리 같은건 아예 접어두고 실컷 먹고 와야겠군요."

❉❉❉

세 사람은 한 차에 모두 타고 '데저트 클리프 리조트'로 향했다.

리조트는 찾기 어려웠다.

카탈로그의 사진처럼 리조트는 바위가 많은 산악지역에 있었지만, 사진처럼 화려하고 넓지는 않았다. 적힌 대로 골프 코스와 테니스 코트, 수영장이 있긴 했지만 '깨끗하게 완비된 최신시설'이라는 내용과는 거리가 멀었다.

주차장에는 이미 자동차로 꽉 차 있었고 멕시코 풍으로 소박하게 꾸며진 로비에는 노부부 몇몇과 연구진들로 북적였다. 카탈로그의 내용과는 동떨어졌지만, 모두 편안하고 즐거운 모습이다.

"아담스 박사. 얼른 방을 정하세요"

언제나 아이처럼 쾌활한 선임연구원 웨인 그레쉰 박사가 친절하게 말을 걸었다. 그러자 객실배정 명단에 기재를 맡은 한 연구원이 그녀에게 누구와 한 방을 쓸거냐며 다그친다.

"누구하고 방을 같이 써야하다니요. 그게 무슨……."

아담스는 당황한 나머지 다른 동료들을 흘깃거리며 쳐다보았다.

그때 브래들리가 한 방에 여러 명이 자야 하느냐며 소리쳤고, 경영진들도 외국에 나가면 한 객실에서 여러 명이 지내느냐며 반문했다. 이로 인해 웅성대는 연구원들이 점차 많아진다.

"우리 젊은 박사님들은 우리가 연구원이란 사실도 잊었소. 이 회사를 그만큼 다녔으면 아실 때도 되지 않았습니까."

그레쉰 박사와 호크 박사처럼 머리가 허옇게 센 선임연구원 몇몇이 씁쓸하게 웃으며 말했다.

"경영진이 지원한다고 했을 때부터 의심을 했었어야 했는데, 처음부터 협소한 장소를 빌렸던거군요. 우린 그것도 모르고 오랜만에 단합대회 간다는 생각에. 아니, 이렇게 좁은 곳에서 어떻게 단합대회를 하라는 얘깁니까."

예약된 객실 숫자를 확인한 헤리 포트 박사는 기가 막힌다는 듯 말했다.

브래들리와 리우는 화난 표정으로 소리치고, 이에 그레쉰은 진정하라며 등을 토닥인다.

아담스는 억지로 웃으며 얘기한다.

"자, 오랜만에 밖에 나오니까 상쾌하군요. 여기 모인 사람중에 여성은 저와 바바라 박사님 뿐인 것 같은데요. 바바라 박사님, 룸메이트 안필요하세요."

카밀라 바바라는 기다렸다는 듯 흔쾌히 좋다고 말하고, 여성 동지는 우리뿐이라며 손을 마주 잡는다.

"이번 단합대회에선 우리 둘뿐이네요. 다른 남성동지들이 저희 둘을 극진히 대접해주시리라 믿겠습니다. 기대할게요"

바바라와 아담스를 시작으로 객실손님 명단에는 연구원들의 이름이 채워졌다.

❀❀❀

팍스 기술이사는 개인적인 사정이 생겼다는 이유로 '연구진과 경영진과의 원활한 의견 교환'을 위한 심포지엄의 개막연설을 하지 못했다. 대신 그레쉰 박사가 간단한 소개와 함께 인사말로 단합대회의 시작을 알렸다.

연구진의 프로그램은 일정대로 순조롭게 진행됐다.

이번 단합대회에 참가한 50명의 연구원들은 서로 연구정보를 나누며 지금까지의 연구성과를 논의하는 데에 많은 시간을 보내고 있다. 그들은 벽면을 가득 채운 화려한 슬로건을 보며 웅성대기 시작한다. 회의실 한쪽 벽에는 황색 바탕에 굵은 진홍색 글씨로 다음과 같은 슬로건이 쓰여 있다.

**'연구진과 경영진과의 원활한 의견 교환을 위한 심포지엄-주제 : 연구 프로그램의 성공을 위한 연구진과 경영진(관리직)간의 솔직한 의견교환 및 회사를 위해 모두 하나가 되는 화합의 장!'**

"아니, 슬로건을 저렇게 만들어 놓고 경영진은 왜 코빼기도 보이지 않는 겁니까. 니젤 얀센 박사님은 되도록 경영진이 이해하기 쉬운 문구로 수정하라고 지시하셔서 모두 새로 보고서를 작성해서 가져왔는데. 이건 너무하는 것 아닙니까."

아담스는 이해할 수 없다는 듯 말했다.

"설령 그렇다고 해도 프리젠테이션이 너무 쉬워서 지루한 맛이 적지 않았습니다. 그래도 심포지엄인데, 전문적인 용어가 더 삽입돼야 하지 않았을까, 하는 아쉬움도 들구요"

리우는 그녀의 말을 듣고는 기다렸다는 듯이 자신의 의견을 토로했다.

그때 그레쉰이 이쪽으로 걸어 왔다.

"아담스 박사님. 오늘 프리젠테이션 너무 좋았어요"

"그레쉰 박사님. 경영진이 알아 듣기쉽게 작성한 것이어서 알

맹이는 죄 빠진 것 같은 기분이에요. 저희 팀 프로젝트 매니저인 밥 프레이저가 공식, 분자구조, 방정식은 무조건 빼라고 신신당부하긴 했지만. 무슨 그런 것을 더 끼워 넣으면 비용이 더 든다나요. 지나치게 복잡하고 길어진 보고서는 아무도 거들떠보지 않는다면서요."

브래들리는 그레쉰을 보자마자 이렇게 말을 했지만, 이번 단합대회에서 연구진 전체를 책임지고 있는 그레쉰은 고개만 끄덕일 뿐이다.

"경영진은 코빼기도 뵈지 않으니까, 브래들리 박사님은 애초에 작성했던 논문대로 발표하세요. 내일 아침에나 도착한다고 합니다. 내일 온다고 해도 우리는 일정대로 연구 프로그램과 미팅을 계속 열 겁니다. 다들 차질없이 준비하도록 하십쇼"

그레쉰은 경영진에 대해선 지나치게 말을 삼갔다.

유독 경영진에 대해선 어깨만 으쓱해보일 뿐, 피하는 기색이 역력한 그의 모습이 이상하게 보였지만 아무도 얘기하는 사람은 없다. 그저 그가 연구진들에게 뭔가 숨기고 있는 게 분명하다는 생각만 할 뿐이다.

리우는 도넛과 맛있는 갖가지 음식들을 상상하며 회의실 한쪽 벽을 따라 길게 놓여진 테이블을 쳐다봤다. 그러나 긴 테이블 위에는 더운 물과 각종 티백, 프림만 잔뜩 들어있는 더운 커피, 그리고 미지근한 콜라 캔이 전부이다.

연구 프로그램과 미팅을 중심으로 한 심포지엄은 일정대로 저녁 7시에 끝이 났다.

하지만 날은 이미 컴컴하게 어두워져 있고 누가 먼저랄 것없이 각자 객실과 식당으로 향했다.

아담스 일행은 모두 낮은 조도의 벽면을 따라 식당으로 급하게 걸었다.

"연구실에 있는 것 만큼이나 하루가 빨리 가는데요. 정말 너무 배가 고프군요. 제대로된 음식이 나오지 않는다면, 정말 차라도 몰고 나가야할 판입니다."

리우는 홀쭉한 배를 쓰다듬으며 침을 삼킨다.

일행은 그의 행동을 보며 유쾌하게 웃었지만, 바바라는 진지하게도 '가장 가까운 식당은 무려 2시간이나 달려야 한다.'며 안타까워했다. 일행은 그래도 연구실에 갇혀있는 것보다 사막 한가운데라도 여기가 낫다는 생각을 한다.

그때 아담스가 갑자기 생각이 난 것처럼 말을 이었다.

"참, 아까 말했던 것처럼 바바라 박사님하고 제게는 특별대우하기로 한 것, 잊지마세요. 특별한 음식은 저희가 먼저 먹어보는 거에요."

"그럼 두 분은 오늘 많이 드십쇼. 저희들은 내일 아침 일찍 산에 올라가겠습니다."

리우가 웃으며 농담을 했을 때 그들의 대화를 들은 호텔리어 하나가 끼어 들었다.

"손님. 등산은 권하고 싶지 않은데요. 최근 이 일대에 맹독성 파충류와 맹금류 등이 자주 출몰한다는 보도가 있어서, 각별히 조심하고 있는 형편이거든요. 가능한 등산은 하지 마시고 저희 호텔이 제공하는 다른 부대 서비스를 이용하셨으면 합니다. 회사 동료분들이 모두 바에 계신 걸로 알고 있습니다만, 지금 바에 가시는 길이신가요."

"오, 그렇습니까. 그럼 일단 목부터 축이고 식사를 하러 가실까요."

브래들리의 제스처에 모두 웃음을 터뜨리며 유쾌하게 걸음을 옮긴다.

호텔리어의 설명대로 바에는 많은 연구원들이 있었다.

그때 리우가 입구에 붙은 작은 안내문을 발견하고는 소리친다.

"K주식회사의 직원에게는 알콜음료가 공짜라는데. 이게 정말입니까."

그러자 바텐더는 서빙하는 아가씨에게 당장 안내문을 떼라고 지시하고는 손님들에게 죄송하다며 머리를 숙인다.

"예. 알콜음료가 공짜인 것은 맞는데요. 내일부터입니다. 모두 회사에서 후불로 한꺼번에 지급하기로 하셨습니다. 그저 주문하실 때 K사의 매니저라는 것만 입증해주시면 무료로 얼마든지 이용하실 수 있습니다. 객실 번호를 밀씀해주시든지, 아니면 사원증을 보여주시면 되겠죠. 내일부터 언제든 찾아주시면 친절하게 모시겠습니다."

아담스 일행과 다른 연구원들 역시 어안이 벙벙해졌다. 매니저에게만 무료라니…….

그러나 아무도 바텐더에게 이의를 제기한다거나 확인하는 일조차 없다. 다들 조용히 자신의 얇은 지갑에서 돈을 꺼내고, 몇 잔의 술로 몸을 따뜻하게 하는 데에만 열중할 뿐이다.

브래들리의 말대로 정말 간단히 목만 축인 아담스 일행은 식당으로 갔다. 술기운 탓인지, 형편없는 메뉴를 보고도 그들은 즐거웠다.

일행은 모두 피자 몇 조각과 초록색 치즈를 얹은 샐러드, 그리고 수박과 바나나를 저녁 메뉴로 골랐다.

브래들리와 리우는 샐러드 접시를 장식한 딸기 두 개를 친애하는 여성동지에게 주었고, 네 사람은 천천히 주문한 음식 전부를 깨끗이 먹어치웠다.

식사를 마친 네 사람은 매니저들이 도착하는 내일은 분명히 달라지리란 확신을 하며 각자 객실로 향했다.

새 아침이 밝았다.

아담스 일행은 대강 씻고는 졸린 눈을 비비며 식당으로 간다. 아침은 어제 남은 과일 샐러드와 블루베리 잼이 든 쿠키와 모닝빵 약간, 버터 그리고 커피였다. 연구원들 가운데는 '개·돼지가 먹는 음식이 이보다 낫겠다.'며 불평하는 사람도 있었지만, 대부분은 체념한 듯 묵묵히 음식을 먹었다.

흡사 그 모습은 턱없이 부족하기 만한 연구개발부의 예산으로 그럭저럭 살림을 꾸리는 데에 이력이 난 모습과 다를 게 없었다.

연구원들은 이미 그런 것은 상관없다는 듯, 조반을 먹으며 연구 프로젝트에 대한 여러 가지 논의를 펼쳤다. 편안한 분위기여서 그런 것일까, 좋은 아이디어와 새로운 방안 등 다채로운 의견이 쏟아져 나왔다.

아담스 일행이 앉은 테이블도 그런 분위기는 마찬가지였는데, 마땅히 적을 종이가 없어서 테이블에 비치된 냅킨에 급한대로 메모를 한다.

식사와 논의가 끝날 무렵, 그레쉰은 앞으로도 이렇게 격식없이 논의를 계속하고 싶은가에 대해 물었다.

"사실은 오전 중에 도착하기로 돼 있던 기술이사님 일행이 기술전략 미팅에 참석하지 못할 것 같다는 전갈이 지금 막 도착했습니다. 아마 오늘 오후 늦게나 돼야 리조트에 도착하지 않을까, 싶은데. 그래서 저녁 7시에 기술이사님이 주최하는 공식 만찬을 급하게 일정에 넣었습니다. 또 기술이사님이 도착하시면 곧바로 '효율적인 팀웍 기술'에 대해 연설하실 계획이라고 합니다."

그레쉰 박사의 공고가 있자마자, 테이블마다 아무런 협의없이 자기들 마음대로 일정을 조정해도 되는거냐는 불평불만이 터져나왔다. 순간 당황한 그레쉰은 '미안하다, 경영진의 사정을 좀 이해해달라.'는 식으로 경영진 대변인마냥 고개 숙여 대답했다.

그러자 연구원들 가운데 일부는 그런 그레쉰을 안쓰럽게 여기는 한편, 일부는 뭔가 경영진과의 내통이 있었다며 의심을 하기도 했다. 그러나 연구원들은 모두 이미 중요한 심포지엄과 프리젠테이션은 어제 끝났으니 지금처럼 홀가분하게 자유토론을 즐기자는 데에 동의했다.

"아침 미팅도 끝난 것 같으니, 우린 밖으로 나갑시다. 신선한 공기를 마시면 묘안이 더 잘 떠오를 것 같은데요."

아담스는 공식과 아이디어로 빽빽한 냅킨들을 챙기며 일행에게 말한다. 모두 그녀의 말이 맞다며 일어난다.

"역시 오늘 아침에도 도넛은 안나왔군. 어젯밤 꿈에 도넛이 나왔던 것 얘기했나요. 제가."

리우는 뱃속이 허전한지, 접시를 깨끗이 비우고 일어나면서도 계속 도넛 타령이다.

바로 그때 복도에서 나타난 바바라가 그들에게 손짓을 하며 불러 세운다.

"제가 뭘 알아냈는지 아세요. 좀전에 주문했던 화학제품이 잘 도착했는지 알아보려고 회사에 전화를 했거든요. 그랬더니 비서가 제 말을 잘못 알아듣고는, 사장과 매니저들이 캐나다에서 미팅을 끝내고 회사전용기로 어제 밤늦게, 여기서 자동차로 40여 분 걸리는 리조트에 도착했다고 하네요."

아담스 일행은 약속이나 한 듯이 서로의 얼굴을 쳐다보았다.

"그렇다면, 우리가 직접 찾아가 봅시다. 매니저들이 있다면 반드시……."

리우가 먼저 입을 열자, 모두들 동시에 "도넛이 있겠죠"라며 합창했다.

＊＊＊

　"진짜 여기가 맞습니까. 우리가 제대로 찾아온 게
맞나요."

　아담스와 바바라, 리우 그리고 브래들리는 모두 믿을 수 없다
는 듯 주위를 살핀다.

　브래들리는 야자수와 활엽수로 화려하게 꾸며진 정원을 보며
눈부신 햇빛을 손으로 가린 채, 두리번거린다. 그의 말대로 정원
이 정갈하게 다듬어진데다가 완만한 경사를 유지한 멋진 골프 코
스와 그림 같은 수영장 등은 눈을 뗄 수 없을 정도로 환상적이다.

　"하이얄 오아시스 리조트라는 이름처럼 정말 오아시스같네요.
가이드가 말해준 그 리조트 맞아요. 그 인간들 분명 여기 어딘가
에 있을거에요."

　바바라는 흥분을 감추지 못하며 말했다.

　그들은 대리석으로 치장한 리조트의 웅장한 로비 안으로 들어
갔다. 넓은 로비에는 그리스 조각분수가 시원한 물줄기를 뿜어
내고 있다. 물줄기는 공중으로 치솟아 실내를 가득 메운 아름답
고 싱그러운 꽃과 나무에 튀어 생명력을 느끼게 한다.

　그들은 곧장 프론트로 다가가 안내원에게 물었고 안내원은 잘
알고 있다는 듯, 자세히 설명해주었다.

　화려한 조명 아래, 그리스 조각상들이 죽 늘어선 복도를 걸으
며 그들은 '아틀라스 실'을 찾고 있다. 그러나 그들은 직접 경영

진과 맞닥뜨려도 괜찮을까, 하는 생각을 하고 있다. 그리고 만약 정면으로 부딪히게 되면 그땐 어떤 말부터 해야 좋을지, 판단이 서지 않는다고 생각한다. 그런 생각으로 머뭇거리던 순간, 문이 열리고 그들은 하는 수 없이 안으로 걸음을 옮긴다.

실내는 마침 대기실과 본실로 나뉘어져 있었다.

윌리 스틴 사장의 목소리가 들리는 것으로 보아 본실에서 지금 회의가 진행중인 것 같다. 그들은 분재와 야자수 뒤로 각각 몸을 숨긴 채, 대기실을 울리는 사장의 목소리에 귀를 기울이고 있다.

"…데저트 클리프로 가기 전에 골프를 한 라운드 정도 칠 수 있겠군요."

"들어오면서 보니까, 카탈로그에 나와있는 것하고는 굉장히 다르더군요. 골프 코스가 짧고 멋진 홀도 없던데요."

저 목소리는 프로젝트 매니저인 밥 프레이저가 확실하다.

"그래요. 이런 곳이 다 그렇죠 뭐. 제가 항상 얘기했듯이, 뛰어난 관리기술이란 연구원들을 집비둘기처럼 온순하게 길들이는 데서 출발합니다. 자기네들끼리 모여 있으니 얼마나 할 얘기가 많겠소. 우린 충분한 대화시간을 제공해주면 되는 겁니다. 그동안 우린 기분 좋게 골프미팅이나 하면 되는거구요. 안그렇습니까."

"예. 그래도 이왕이면 멋진 골프 코스에서 하는 게 좋지 않겠습니까. 멋진 골프 코스라면, 세인트 앤드류스[1]가 적격인데 말이죠"

"아니, 어떻게 아셨습니까. 고든씨. 독심술이라도 하는 사람 같군요. 사실 저는 지난 미팅이후로 줄곧 세인트 앤드류스를 생각하고 있었습니다. 아시다시피, 저희 집사람이 스코틀랜드 사람이 아닙니까. 얼마나 거기를 가자고 조르는지요"

사장의 목소리를 들으며 연구원들은 본실 문 쪽으로 기다시피 걸어갔다.

그때 누군가 연구원들은 어떻게 하느냐고 묻자, 사장은 쫓아온다면 모르지만 연구실만 아는 사람들이 찾아올 줄이나 알겠느냐고 대답했고, 커다란 회의탁자를 가운데 두고 둘러앉은 경영진은 크게 웃으며 떠들어댔다.

아담스 일행은 기가 막혔다.

리우는 뭣 때문에 저들이 연구원들을 우습게 아는지 모르겠다며 소리를 질렀고, 브래들리 역시 분개했다.

그들은 대담하게도 아틀라스 본실의 문을 열었다.

들어서자마자, 그들의 눈에 들어온 것은 넓은 회의탁자 위에 펼쳐진 갖가지 음식들이다. 초대형 은쟁반에는 서너 가지의 치즈와 이태리산 모듬 소시지, 잘 익힌 랍스터와 새우요리, 불란서식 에스카르고와 카나페, 신선한 야채·과일들, 그리고 무엇보다 여러 가지 종류의 도넛과 갈릭브레드, 케익과 푸딩이 잔뜩 담겨 있다.

---

1) St. Andrews, Andrews Golfers 클럽(이후, Royal and Ancient Golf Club으로 바뀜)이 일부 홀이 너무 짧다고 판단하여 한데 묶어 18홀로 줄이고 나서 전세계적으로 '18홀'이 골프 라운드의 표준처럼 돼버린 곳으로 유명하다. 또한 골프의 전당으로서 세계 최고의 수준을 자랑하는 골프코스이다.

회의탁자 중앙에 자리한 사장은 치즈와 생크림을 묻힌 갈릭브레드 한 조각을 입에 넣으려던 참이다.

"용케도 찾으셨군요. 어서 들어오십쇼."

네이비 블루 재킷에 흰 슬랙스 차림의 사장은 마치 아담스 일행을 기다리기라도 한 것처럼 그들을 반겼다. 사장은 갈릭브레드를 집었던 손을 냅킨으로 닦은 다음, 그들에게 다가와 악수를 청했다.

"제니퍼 아담스 박사. 그동안 말씀은 많이 들었습니다. 정말 오랜만이지요. 그리고 아, 바바라. 그렇지 카밀라 바바라 박사님도. 데이브 브래들리, 폴 리우 박사님도 오시느라 수고 많았소. 놀라셨습니까. 선장이 자기 선원들의 이름조차 기억하지 못하는 것처럼 안타깝고 슬픈 일은 아마 없을거요."

사장은 얼굴과 이름을 모두 정확하게 기억해냈다.

아담스 일행은 어안이 벙벙했고 사장이 의외의 인물이라고 생각했다. 그도 그럴 것이 그들이 사장을 본 것은 '연구개발부의 신제품 발표회 자축연'에서 딱 한번 악수를 한 것이 전부이기 때문이다. 그것도 이년 전쯤.

"아니, 그런데 왜들 여기에 오신 겁니까. 지금쯤 팍스 기술이사가 미팅을 주관하고 있을텐데. 어서 참석하셔야죠."

"네. 그렇죠. 하지만 사실 저희는 가까운 곳에 왔다가 잠시 주위를 둘러보고 있었거든요. 그러다가 사장님이 여기 계시다기에."

조금 전의 분개하고 기막혀 하던 모습은 온데간데 사라져 버리고 회의탁자 위에 진열된 음식들을 쳐다보느라, 아담스 일행은 모두 넋이 나가 있다.

사장은 그들 중에서 리우가 가장 배고파한다는 사실을 알아챘다.

사실 사장의 연구선원들은 항상 배가 고팠다.

"이렇게 오셨으니, 차려놓은 음식 좀 들고 가시죠. 자 어서들 앉으십쇼. 좋은 음식을 남기는 것은 정말이지 나쁜 버릇입니다. 차린 것은 얼마 없지만 맛있게 드십쇼."

사장의 말은 진심에서 우러나온 얘기처럼 들렸다.

아담스 일행은 그가 권하는 데도 먹지않는 것은 도리에 어긋나는 것이란 생각을 하고 있다. 일행은 자리에 앉아 각자의 접시에 놓인 집게와 포크만 만지작거리다, 서로 눈치를 살핀다.

"그런데 데저트 클리프에서 열리는 미팅은 잘 돼갑니까."

"문제없이 잘 진행되고 있습니다."

아담스는 사장의 질문에 무미건조하게 대답했다. 그녀의 시선은 바로 앞에 놓여진 많은 음식들을 향해 있었지만, 차마 체면 때문에 달려들진 못하고 새우 샌드위치와 푸딩만 깨작거릴 뿐이었다.

"연구원들끼리만 있으니까 연구에 대한 논의도 신속하게 이뤄지고·어쨌든 가치있는 행사 같습니다."

살라미 소시지를 입안 가득히 넣고 우물거리며 브래들리가 대답했다.

어느새 연구원들은 모두 입안 가득 음식을 씹고 있었지만, 머릿속을 복잡하게 만드는 여러 가지 의문들을 풀어보고 싶기도 했다. 뭔가 시원하게 물어보고 싶은데, 무슨 말을 어떻게 시작해야 좋을지 모르겠다는 표정이다.

그때 열심히 도넛 접시에 손이 가던 리우가 한쪽으로 접시를 치우더니 말을 잇는다.

"데저트 클리프에서 어제 있었던 심포지엄은 연구진과 매니저간에 솔직하게 서로의 의견을 나누자는 슬로건으로 열렸는데, 매니저는 한 사람도 참석하지 않아서 연구원들끼리 심포지엄을 할 수밖에 없었습니다. 매니저들은 하이얄 오아시스에, 연구진은 데저트 클리프에 있었기 때문에 말입니다."

"그럼 연구진도 모두 여기에 묵어야한다는 얘깁니까."

사장은 양미간을 찌푸리며 반문했다.

"리우 박사. 당신은 정말 큰일 날 사람이군요. 이래서 연구진은 안된다는 얘깁니다. 어떻게 그렇게들 회사예산에 대해서는 생각이 없을 수 있는 겁니까. 회사가 수익을 내기가 무섭게 연구개발부에 들어가는 투자비용이 지금 얼마나 되는 줄 알고 그렇게 얘기하는 겁니까."

사장은 호흡을 가다듬기 위해 잠시 말을 끊었다. 그는 연구개발부 산하 연구부서와 연구실로 들어가는 연구비용이 회사의 일년 예산에 30%도 되지 않는다는 사실을 까맣게 잊은 채 벌컥 화부터 내는 것이다.

"그리고 지금 연구원들끼리만 심포지엄을 끝냈다고 불평을 하시는데, 그것도 말입니다. 프로젝트 매니저들은 모두 프로젝트에 대해서 제 손바닥 보듯이 훤합니다. 그도 그럴 것이 결재를 기다리는 프로젝트 관련 자료와 평가서가 얼마나 많은지, 매니저들이 얼마나 열심히 일하는지는 문서양만 봐도 알 수 있습니다. 정말 어마어마합니다. 이미 연구 프로젝트에 대해선 확실하게 꿰고 있는 매니저들하고 얘기하면 지금처럼 편안하게 논의하면 되는데, 같은 내용을 연구원들한테 또 들을 필요가 있겠습니까."

사장은 벌떡 일어났다.

연구원들은 아무 말없이 그대로 앉아 있었으나 사장은 전혀 개의치 않다는 듯 갑작스럽긴 하지만 만나서 반가웠다며 일일이 악수를 한다.

"저녁식사 때, 뵐 수 있겠죠."

바바라는 사장과 악수를 하며 물었다.

사장은 미안한 표정을 지으며 '시간내기가 어려울 것 같다.'고 한다.

"실은 내일 아침에 '태평양 연안 중역회의'가 있습니다. 우리 회사가 중국시장까지 확장할 계획이라 시장조사겸 꼭 참석해야 하는 중요한 미팅이기 때문에, 데저트 클리프 미팅은 어려울 섯 같군요."

어깨를 으쓱하며 말한 사장은 이어 데저트 클리프라는 이름이 마치 난파선의 이름같지 않냐고 얘기한 뒤 껄껄거렸다.

사장과 매니저들이 나가자, 리우는 진저리를 치며 '우리도 당장 나가자.'고 소리친다.

"리우 박사님. 그래도 도넛은 좀 가져가셔야죠"

브래들리가 도넛을 집으며 말하고 있을 때, 이미 리우는 회의
실을 나가고 없었다.

❀❀❀

그 시간, 데저트 클리프 리조트에선 팍스 기술이사와
매니저 일행이 연구진과 인사를 나누고 있었다.

기술이사는 구제 진과 라운드 스웨터 위에 흰 가운을 입고 연
구실용 보안경까지 목에 걸고 있다.

프로젝트 매니저들은 한결같이 연구원들과 비슷한 옷차림이
다. 대부분 목이 늘어난 낡은 니트나 체크 남방에 면바지나 구제
진을 입고 있다. 그러나 평소의 겉치레를 숨기려 했지만 완벽하
게 소화한 것은 아니어서, 대부분의 매니저들은 회사가 지급한
고급 홀더나 화려한 보석시계, 반지, 목걸이 등의 액세서리는 여
전히 하고 있다.

그들 중 눈치가 빠른 매니저 하나가 이러한 사실을 기술이사
에게 귀띔해주었다.

기술이사는 20여년 전, 생물학을 전공하던 시절부터 간직해
온 가운과 보안경을 쓰다듬다가 연단에 선다.

"이번 단합대회에 참석한 연구원 여러분을 진심으로 환영합

니다. 아시다시피, 저도 지금은 경영진으로 있지만 과거에는 여러분처럼 연구원이었습니다. 그때를 생각하니까 감회가 남다르군요. 저는 그때나 지금이나 항상 연구원이라는 마음으로 생활하고 있다는 점을 알리고 싶어서 이렇게 소장하고 있던 가운을 입고 나왔습니다."

앞줄에 앉은 매니저들은 우레와 같은 박수를 치며 환호성까지 지른다. 또 일부는 눈물을 찔끔거리기도 한다.

그들 중에는 팍스와 마찬가지로 과거 연구원으로서 월급도 제대로 받지 못하고 연구실에만 갇혀 생활하던 매니저들도 있다. 그러나 그들은 대부분 보수문제와 기타 처우문제 등과 관련해 과감하게 흰 가운을 벗어던지고, 프로젝트 매니저로 새롭게 시작해 성공한 사람들이다. 또 프로젝트 매니저로서의 새로운 삶을 계획하고 있는 사람들도 있다.

팍스는 연구원들을 유심히 살폈다. 그들이 매니저들처럼 열렬하게 호응을 해줄까, 하는 기대감에서 열심히 눈을 마주쳤지만, 기대한 만큼 박수가 나오지 않자 야릇한 미소를 지었다.

그와 눈이 마주친 연구원들은 억지로 미소를 짓기도 하고 어쩔 수 없는 박수를 치기도 했다. 그는 연구원들이란 최소한의 예의나 유머감각조차 없는 사람들임을 재차 확인하며 밤새 연습한 연설을 시작한다.

"우리 회사는 제품 개발 및 전략 마케팅 부문에서 신기원을 열고 있습니다."

그는 두 주먹을 불끈 쥐며 단호하게 말한다.

"우린 회사가 설정한 미래 비전대로 새로운 사고방식과 전략 마케팅에 새로운 접근방식을 채택하고자 고군분투하고 있습니다. 또한 경영진과 연구진간의 효율적인 업무진행과 의사소통을 위해 오늘과 같은 팀웍 단합대회를 개최하게 되었습니다. 우리 모두 화합의 장을 펼치기 위해 바로 여기, 데저트 클리프 리조트에 함께 모인 것입니다."

이쯤에서 우레와 같은 박수가 터져 나와야 하는데, 그의 기대와는 달리 어떤 호응도 없다.

그의 웅변은 계속된다.

"우린 이 자리에 중대하고도 원대한 일을 이룩하기 위해 모였습니다. 우리 회사의 미래가 바로 여러분, 연구원들의 손과 머리에 달려 있습니다. 여러분의 독창적인 아이디어와 연구노력의 결과물들이 바로 우리 회사의 재산인 것입니다. 우리는 여러분이 제조한 발명품과 특허 제품으로 이렇게 비약적인 발전을 이룩할 수 있었습니다. 아직은 바라는 꿈을 모두 이루진 못했으나 충분히 해낼 수 있다고 생각합니다. 아니, 우린 할 수 있습니다. 여러분."

그는 양팔을 휘두르는 등의 제스처를 써가며 목소리를 높인다.

"지금 이 시대를 도전과 시련의 시대라고들 합니다. 이 시대를 살아가는 우리는 신제품 연구와 제품 개발, 전략 마케팅 등보다 뛰어난 경영전략과 마인드, 그리고 핵심 기술력으로 승부를 해야합니다. 또한 동종업체들과의 경쟁에서 살아남고 경쟁우

위를 지키기 위해선 무엇보다 팀웍의 단결력과 정보공유가 무엇보다 시급하게 해결해야 할 선결과제라고 생각합니다."

그의 말이 끝나자마자, 매니저들은 다시 열렬하게 박수를 쳤다. 그러나 연구원들은 마지못해 박수만 칠 뿐, 표정은 굳어져 있다.

박수소리가 잦아들 즈음, 그는 매니저들에게 두꺼운 문서를 연구원들에게 배포하라고 지시했다.

"지금 배포하고 있는 인쇄물은 앞으로 우리 회사의 비전을 제시하고 보다 효율적이고 능률적인 경영방식을 도입하고자 개발한 '신회사 기획안' 입니다. 특히 연구원 여러분을 위해 특별히 제작한 것이니까 완벽하게 숙지하셨으면 합니다."

아담스 일행은 팍스의 연설에 늦지않게 도착할 수 있었다.

매니저가 나눠주는 30여쪽에 달하는 문서를 받은 그들은 대강 넘기며 훑어보고 있다.

"아니, 무슨 기획안이 이렇죠. 도대체 무슨 소린지 모르겠어요. 왜 이런걸 만들어주는 거에요."

바바라가 어처구니없다는 듯 얘기했다.

"여기 29쪽 좀 보세요. 벌써 연구목표까지 세워 놨군요."

리우가 말하는 29쪽에는 연구작업 흐름도가 그려져 있고 상단에는 연구목표가 굵은체로 쓰여 있다.

"7쪽에는 현재 진행중인 프로젝트 중에서 특히 많은 연구비용이 소요되는 프로젝트를 순위별로 작성했네요. 세상에, 1위가 '미생물학 관련 프로젝트' 에요. 이건 투자비용이 어마어마한데요. 지금까지 5년을 연구했는데 아직도 가시적인 연구성과가 전혀 없네요."

바바라는 놀라운 표정으로 말했다.

브래들리가 그 프로젝트에 대해선 잘 알고 있다며 설명을 덧붙인다.

"네. 제대로 조사했네요. 유전공학 프로젝트라서 회사에서 계속 밀어주고 있다고 들었어요. 마크 드레프트라는 프로젝트 매니저가 그 연구 담당인데. 제가 들은 바로는 시간을 길게 끌면 연구성과야 어떻든 그동안엔 퇴사걱정은 하지 않아도 된다면서 질질 끌고 있데요."

"세상에, 우리 'LCD 프로젝트' 순위 좀 보세요. 끝에서 두 번째로군요. 특허출원도 55개나 했고 벌써 제조부와 미래기술개발부로 양도해서 성공적으로 완성됐다는 평가까지 받았는데, 이럴 수가 있습니까."

웅성대던 소리를 진압한 것은, 연단에 서서 마이크를 두드리던 팍스였다.

"자자, 문서 맨 뒷장을 보면 제안사항을 기입하는 난이 따로 마련돼 있으니까 건의하고자 하는 내용이 있으면 적어서 주십쇼 그럼 우리 매니저들이 기획안을 완성하기 전에 면밀히 검토해보고 수정하든, 수렴하든 할테니까요."

그때 그레쉰이 자리에서 벌떡 일어나 팍스의 말을 가로막았다.

"기술이사님. 일정대로 라면, 프로젝트 관리 제안을 먼저 들어본 다음에 여러 의견들을 절충해서 기획안을 제작하기로 했던 것이 아닙니까."

그레쉰은 잠시 말을 멈춘 뒤, 회의실 한쪽 벽을 차지하고 있는 슬로건을 가리키며, "'연구진과 경영진(관리직)간의 솔직한 의견교환'이라는 주제에 동의하십니까." 라고 물었다.

"당연히 동의합니다. 근데 그게 무슨 문제가 됩니까."

"모든 게 문제입니다. 일정대로 진행되지 않은 모든 게 문제란 말입니다. 일정을 처음부터 무시한 경영진부터 말씀입니다."

팍스는 황당한 나머지 아무 말도 할 수 없었지만, 연구원들로부터 박수갈채가 터져 나오는 것을 보자 소리를 치며 조용하라고 말했다.

그는 화난 오리처럼 꽥꽥 소리를 질러댔다.

"그만. 이제 그만하십쇼. 이렇게 연구진이 회사의 성의를 무시하고 팀웍을 깨뜨렸으니 앞으로 매니저와 연구원간의 합의는 어떻게 이뤄야할지 모르겠군요"

배포된 기획안 외에도 상정된 몇 개의 방안은 철저히 무산됐다.

한 시간 이상 논의는 계속 됐으나 매니저와 연구원들간의 합의는 모두 이뤄지지 않았다.

더이상 같이 있어봐야 좋을 게 없으리라는 판단을 내린 팍스는 단합대회의 폐막을 선언했다.

"연구원들의 제안은 저희 매니저 기획팀이 평가해서 수렴할 것입니다. 그리고 기획안이 완성되는 대로 각 부서로 배포할테니까. 그때 확정안을 보십쇼. 팀웍 단결미팅에 참석한 여러분 모두 수고하셨습니다. 그럼 이것으로 데저트 클리프 리조트에서 열린 단합대회의 공식일정을 모두 마칩니다. 남은 시간, 즐겁게 보내시고 이따가 만찬 때 다시 봅시다."

아담스 일행이 예상한 대로 만찬에는 향긋한 헤이즐넛과 맛있어 보이는 도넛을 비롯해 갖가지 요리들이 준비되었다. 특히 몇 가지의 커피와 도넛류는 만찬 내내 즐길 수 있도록 다른 테이블에 따로 준비되었다.

그러나 야비한 매니저들은 뷔페 테이블을 점령한 채 연구진들은 먹지 못하도록 순식간에 다 먹어치웠고, 연구원들은 그들의 행동에 혀를 내둘렀다. 그렇지만 연구원 대부분은 아무렇지도 않다는 듯, 아니 매니저들의 몰상식한 행동이 약간은 이해가 간다는 듯 순순히 차려진 저녁만 깨끗이 비웠다.

몇몇 연구원들은 아직도 몇 시간 전에 있었던 팍스의 연설내용에 대해 얘기하고 있다. 특히 그레쉰의 돌출행동이 앞으로 연구원들에게 막대한 영향을 미칠 것이라고 염려하거나 의외의 발언이었지만 속은 시원했다고 말하는 부류도 있다. 그러나 대부분의 연구원들은 슬로건 위에 누군가 적은 글귀에 대해 얘기하고 있다.

누군가 벽면을 가득 차지한 슬로건 위에 다음과 같은 싯귀[詩句]를 적색 매직펜으로 굵직굵직하게 써놨기 때문이다.

밀가루 반죽에 청춘을 보낸 사람은 연구원이건마는

정작 맛도 한번 못 본
도넛은 모두 어디로 가버렸단 말인가.


연구원들은
도넛을 만드느라
입에서 단내가 나고


매니저들은
반지를 끼기 위해
입에서 아부가 떠나질 않네.


 연구원들은 저마다 도전적이고 과감한 내용으로 팍스의 슬로
건을 더욱 돋보이게 만든 장본인에 얘기하고 있다. 분명히 연구
원 중에 한 사람일텐데, 그게 누구인지 아는 사람은 아무도 없다.
 그러나 아담스 일행은 만찬 내내 말없이 히죽거리는 리우를
의심했다. 그러나 어느 누구도 그에게 그런 사실을 확인하지는
않았다.

제8장

# 특기를 살려라

여기 실리콘 밸리에서 실리콘 입술을 가진 실리콘 우먼이 왔네.
머릿속까지 실리콘으로 가득 차 있다해도 상관없네.
실리콘 우먼은 실리콘 몸뚱이로도 만사형통이니까.

연구개발부의 '광검출기 프로젝트'의 기술조수인
패니 티즈는 언제부턴가 '실리콘 우먼'이라는 별명으로 유명해
졌다.

이 별명은 그녀가 실리콘 밸리의 마이크로칩 개발부에서 전근
하자마자 한 젊은 연구원이 부르기 시작한 것인데, 여러 연구원
들과 경영진은 이름보다 별명이 더 잘 어울린다고 생각하고 있
다. 특히 그녀의 쭉쭉빵빵한 몸매가 실리콘 밸리에서 쓰고 남은
실리콘 일부를 주입해서 만든 것이라는 괴소문 때문에 별명은
더욱 신빙성을 얻게 되었다.

게다가 그녀는 자신의 몸매로, 이미 연구개발부의 여러 프로
젝트 매니저 가운데 프랭크 스타노프스키를 비롯한 많은 매니저

들과 남성연구원들의 애간장을 녹이는 데에 성공했다. 또 업무영역을 확장하는 데에도 적극적으로 활용하고 있었기 때문에 그런 별명 따위가 싫지만은 않다.

평소와 다름없이, 그날 아침에도 스타노프스키는 티즈를 자신의 사무실로 호출했다.

그는 책상 맞은편의 의자에 그녀를 앉히고 몸매를 샅샅이 살펴보는 것으로 아침 일과를 시작한다. 특히 그녀가 미니스커트를 입고 다리를 이리저리 포개며 자세를 고칠 때는, 그의 눈동자 역시 이쪽저쪽으로 돌아다녔다. 그래도 양심은 있는지, 그는 책상 위의 가족사진을 힐끔거리다가 그녀의 다리에서 시선을 떼었다.

"오늘은 당신을 위해 뭘 해줬으면 좋겠소."

그녀는 다시 다리를 포개면서 그에게 말한다.

"일주일에 두 번씩이나 일찍 퇴근하게 해주시잖아요. 물론 제가 교육을 받아야 하니까 그런 배려를 해주시는 것이지만. 지금까지 제게 많이 신경 써주셨어요. 항상 진심으로 감사하게 생각하고 있어요."

그녀는 진심으로 고마운 표정을 지으며 말했다.

"무슨 내가 공치사나 듣자고 한 소린가. 티즈양처럼 예쁘고 뛰어난 재능을 갖춘 사람에게 그정도 배려는 당연한 거에요. 내가 해준 게 뭐 있다고."

그는 담배를 피워 문다. 가족사진은 이제 파란 담배연기에 가려져 뿌옇게 보인다.

"근데 지난번에 있었던 프리젠테이션에선 왜 제 업무능력에 대해 말하지 않은 거에요."

"그거야 굳이 설명하지 않아도 워낙 뛰어나다는 것을 다들 잘 아니까, 말하지 않은거지. 티즈양의 업무능력에 대해서는 파멜라 웨스틴 박사가 평가하니까. 한번 직접 물어보지 그래. 그렇게 알고 싶으면."

그녀는 그의 말이 끝나자 빨간 입술을 뾰루퉁하게 내밀며 말한다.

"전 웨스틴 박사하고는 말도 안해요. 그 여자는 진짜 부하직원 다루는데 재능없어요. 우리 팀이 모두 일곱이잖아요. 근데 전부 웨스틴 박사하고는 같이 일하기 싫데요. 저두 그렇구요. 정말이지 연구 프로젝트와 관련해 친절하게 전문적인 조언을 해줄 수 있는 사람이 있었음 좋겠어요."

그녀는 잠시 뜸을 들이다가 다시 말을 이었다.

"박사님이야말로 프로젝트 매니저이고 특히 부하직원을 잘 챙기는 리더로 소문났잖아요."

그녀의 아부에 그는 몸둘 바를 몰랐다. 그의 시선은 곧 그녀의 풍만한 가슴으로 옮겨갔다.

"당신은 정말 사람보는 눈이 있단 말이야. 최고야 최고."

그는 갑자기 생각이 난 듯이, 재떨이에 담배를 비벼 끄고는 그녀를 찬찬히 보며 말한다.

"여성들은 담배연기를 별로 안좋아하더군. 그 웨스틴 박사도 말이야."

"전 신경쓰지 마세요. 저한테 이 정도 담배연기는 아무 것도 아니니까요. 제가 파트타임으로 일하는 직장은 항상 담배연기로 뿌옇게 보여요."

그도 그녀가 무슨 일인가를 파트타임으로 하고 있다는 얘길 들었었다. 그러나 소문만 무성했지, 확실하게 그녀가 무슨 일을 하는지에 대해서 아는 사람은 아무도 없었다. 아니, 알면서도 말 해주지 않은 것인가.

"직장을 다니면서 파트타임으로 일까지 해. 무슨 일을 하는데 그래. 벌이가 괜찮은 거면 나도 같이 하자구."

"낮에 잠깐 제 특기를 살리는 거에요. 적성에도 맞고 보수도 그만하면 괜찮구요. 솔직히 연구원 보수가 형편없는건 사실이잖 아요. 그 돈으로는 혼자 먹고 살기도 힘들다구요. 그런데 앞으로 공부도 더 해야하고 책도 사봐야 하고, 이래저래 돈 들어갈 데도 많구요. 언제 한번 오세요. 점심에는 근처 직장인을 위한 특별메 뉴가 나오는데, 가끔 최고경영진들도 와요."

그녀는 해안도로로 30여분 달리면 '얼간이 바'라는 간판이 보 인다고 했다.

그는 그녀가 사무실을 나간 뒤, 곧장 동료들에게 점심미팅을 제안했고, 그의 동료들은 흔쾌히 받아들였다.

이러한 사실을 모르는 사람은 파멜라 웨스틴 혼자 뿐이었다.

"브라운양, 다들 어디 갔습니까. 오늘따라 매니저들 얼굴보기 힘드네요. 스타노프스키씨는 어딨죠. 11시에 프리젠테이션이 잡혀 있는데."

웨스틴은 스타노프스키의 사무실에 들어와 한 바탕 소란을 떨고 있다.

브라운은 팀장격인 웨스틴이 잡다한 일들까지 모두 처리하는 것을 항상 안쓰럽게 생각했다.

"스타노프스키씨는 지금 다른 프로젝트 매니저들과 점심미팅을 하고 계십니다. 외부에서 열리는 것이라 11시 프리젠테이션에는 참석하기 어렵겠는데요"

"프리젠테이션을 하면서 추가비용 지원에 대해서도 논의하기로 했는데, 갑자기 언제 그런 미팅이 잡혔어요. 전 아무런 통고도 받지 못했는데."

브라운은 말을 해야할지, 머뭇거렸다.

"놀라지 마세요. 소금 전에 스타노프스키씨가 모두 인솔해서 '얼간이 바'에 갔답니다. 거기에서 티즈양이 파트타임으로 일한데요."

웨스틴은 믿을 수 없다는 표정을 지었다.

"웨스틴 박사님. 연구도 물론 중요하지만 대인관계도 신경쓰세요. 안그러면 아마 티즈양이 박사님 몫까지 가로챌거에요. 더구나 남자들이란 다 똑같잖아요."

양미간을 찌푸리며 웨스틴은 브라운의 말을 귀담아 듣는다. 웨스틴 역시 자신의 리더십에 문제가 있다고 생각했던 터였다. 더구나 최근에는 티즈가 웨스틴에 대해 좋지않은 얘기들을 흘리고 다닌다는 소문까지 들렸다.

"브라운양, 혹시 얼간이 바에 가본 적 있으세요. 현장에서 잡지 않으면 발뺌할 게 뻔한데. 저랑 같이 가보지 않으실래요"

브라운은 웨스틴이 이런 얘기까지 하리란 생각은 전혀 하지 못했지만, 웃으며 말했다.

"아뇨 가본 적은 없지만 찾을 수는 있을거에요. 잠시만요 남편하고 점심을 같이 먹기로 했었거든요. 전화 좀 하구요"

＊＊＊

두 여자는 '얼간이 바'로 들어갔다.

실내는 담배연기로 공기가 탁했고 붉은 등이 켜져 있었지만, 어두웠다. 더구나 콩요리 냄새와 담배연기, 맥주냄새와 땀냄새 등으로 답답하고 목이 막힐 지경이었다. 이른 시간인데도 실내에는 정장을 입은 남성들로 북적였고 시끄러운 락 음악 때문에 귀까지 멍멍해질 정도였다.

웨스틴은 별세계에 들어온 듯이 주위를 두리번거리고, 브라운은 재밌어 한다.

"걱정하지 마세요. 우리 자리는 회사 사람들 가까이로 미리 예약해뒀으니까, 이왕 이렇게 왔으니까 어떤 곳인지나 실컷 구경하다 가요."

바에 있는 여자들이란 하나같이 속이 훤히 들여다뵈는 블라우스나 브래지어에 팬티가 보일락 말락 하는 스커트나 천 조각 하나만 대강 두르고 있다.

어떤 여자는 아예 높은 하이힐에 지퍼가 달린 가죽 스커트 하나만 입은 채 서빙을 하기도 했다. 여자들 중에 제대로 옷을 갖춰 입은 사람이라고는 웨스틴과 브라운 뿐이었다.

손님은 전부 남자들이었는데, 대부분이 정장 차림이었고 아는 얼굴들도 몇몇 눈에 띄었다.

웨스틴과 브라운은 웨이트리스 뒤를 따라가면서도 계속 구경 온 사람들을 유심히 보고 있다. 그때 브라운이 쿡쿡 찌르며 옆 테이블을 가리켰다. 거기에는 스타노프스키와 마이크 외에 몇몇의 매니저들이 맥주를 홀짝이고 있다.

"저 인간들, 자기 부인이 저렇게 입고 있으면 난리를 치겠죠. 세상에 저 사람들 덕에 이런 데도 다 와보네요. 근데 우리의 실리콘 우먼은 어디있는 거에요"

브라운은 컴컴한 실내 여기저기를 유심히 살펴보았다. 어디에도 티즈는 보이지 않았다.

그때 무대의 오른쪽에 있는 문이 열리더니, 한 무리의 여자들이 훤히 다 들여다보이는 속옷을 입은 채, 줄지어 나오고 있다.

여자들은 테이블마다 한 사람씩 가더니 도발적으로 엉덩이를 흔들어 대거나 머리를 흔들며 춤을 추기 시작한다.

웨스틴과 브라운은 옆 테이블의 매니저들이 휘파람을 불거나 혓바닥을 내밀거나 게슴츠레한 눈을 뜨고있는 것을 보았다. 그 광경을 본 그녀들은 시뻘겋게 달아오른 얼굴을 쓰다듬으며 욕설을 내뱉었다.

음악이 점차 빨라지자, 댄서들의 율동 역시 빨라졌다.

그때 무대 위의 조명이 꺼지고 도금이 된 창살에 불이 켜졌고, 커다란 금팔찌에 가발을 쓴 하이힐의 여자가 춤을 추기 시작했다. 그 여자는 다름 아닌 패니 티즈였다.

그녀는 음악에 맞춰 육감적이고 관능적으로 몸을 흔들었다. 그녀가 몸을 움직일 때마다 여기저기서 휘파람 소리나 탄성이 들렸다. 그중에는 소리를 지르는 사람, 손을 흔드는 사람, 욕설을 퍼붓는 사람도 있었다.

웨스틴은 옆 테이블을 자세히 관찰했다.

매니저들 역시 침을 삼키거나 박수를 치거나 맥주를 마셨다. 이어 음악이 더욱 빨라지면서 최고조에 달하자, 티즈는 객석을 향해 몸을 던지며 공연을 끝냈다.

그녀는 무대에서 내려와 스타노프스키와 동료들이 앉은 테이블로 오더니, 스타노프스키의 목에 팔을 두르고 그의 무릎에 앉았다.

"웨스틴 박사님. 지금이에요. 어서 저 인간들 혼내주러 가요."

브라운이 일어서자 웨스틴은 그들에게 무슨 말을 어떻게 해야할지, 머뭇거렸다.

그사이 웨이트리스가 옆 테이블의 주문을 받고 있다.

"뭘 먹어도 난 다 맛있을 것 같아, 티즈. 어디서 그런 에너지가 솟아나지. 역시 몸매가 끝내주니까 춤도 멋있게 추는구만. 오늘 아주 마음에 드는데."

스타노프스키는 티즈의 엉덩이를 건드리며 킬킬거렸다. 그러자 다른 동료들도 그녀의 환심을 사기 위해 갖은 아부를 떨었다. 그들은 그녀가 몸매 뿐만 아니라 연구실적도 매우 우수하다며, 이런 인재를 제대로 평가하지 않는 웨스틴 박사를 나무랐다. 웨스틴과 같은 노처녀와 어떻게 같이 일했느냐, 괴롭히지 않더냐, 기술조수라고 무시하지 않느냐며, 다그쳐 물었다.

참을 만큼 참았다고 판단한 웨스틴은 그들의 대화에 끼어 들었다.

"안녕들 하십니까. 아주 멋지고 생산적인 점심미팅을 하고 계시네요. 대단하십니다."

매니저들은 순간 당황한 나머지 아무 말도 하지 못했다.

티즈는 빨리 옷을 갈아입어야 한다며 무대 뒤쪽으로 사라졌다.

"스타노프스키씨. 웨스틴 박사님하고 추가비용 지원문제를 논의한다고 하지 않으셨어요. 그래서 모시고 왔는데요."

"여기서 한다고 하진 않았잖소. 일을 이렇게 처리하는 거요. 말을 좀 귀담아 들으세요. 브라운양."

스타노프스키는 노발대발하며 화를 냈다. 그러자 옆에 있던 마이크 매니저가 크게 웃으며 말했다.

"이렇게 됐으니, 합석하시죠"

"웨스틴 박사님하고 저는 벌써 점심 먹었거든요. 웨스틴 박사님도 연구 프로젝트 때문에 바쁘셔서 빨리 가봐야 한다고 그러셨어요. 그렇죠"

벌겋게 달아오른 스타노프스키를 바라보며 웨스틴은 이렇게 말했다.

"11시 프리젠테이션을 여기서 이렇게 보게 될 줄은 몰랐네요. 앞으로도 이런 자리가 있으면 저도 꼭 불러주세요. 오늘 프리젠테이션에 대한 평가는 제발 별개로 생각하길 바래요. 엄연히 티즈의 연구 프로젝트와는 다른 분야니까요"

❋ ❋ ❋

웨스틴은 티즈와 연구실적 및 업무능력평가와 관련해 이야기를 나누고 있다.

"웨스틴 박사님. 며칠 전에 '얼간이 바'에 어떻게 오시게 됐는지는 대충 브라운을 통해 들어서 알고 있어요. 하지만 그런 것으로 제 업무평가를 나쁘게 하시진 않으리라 믿어요"

"난 티즈양이 진짜 연구원으로서 성공하고 싶다면 더많이 노력하길 바랄 뿐이에요. 하지만 그런 특기만 가지고는 연구 프로젝트에 전혀 도움되지 않습니다. 그건 티즈양도 알고 있겠죠"

그녀는 큰 소리로 웃으며 말한다.

"알아요. 그렇지만 누구나 자신이 잘할 수 있는 것을 발휘하고 개발해서 성공한다고 생각해요. 박사님은 두뇌로 하시지만, 전 지금은 몸으로 할 수밖에 없잖아요. 연구원 형편이 어떤지는 더 잘 아시잖아요. 저로서는 어쩔 수 없는 문제라구요. 더구나 프로젝트 매니저들이 저같은 여자들한테 약한데, 그걸 조금 이용한 것 뿐이잖아요. 왜 그런 걸 문제삼는 거에요"

그때 노크소리가 나고 스타노프스키가 얼굴을 내밀었다.

"티즈. 얘기 끝나면 잠깐 나 좀 봐."

그의 말이 끝나자 그녀는 웨스틴과는 더이상 할말이 없다며 자리에서 일어났다.

"저하고 같이 일하기 싫으시면, 제가 나가드릴게요. 다른 부서로 가든지 퇴사를 하든지."

그녀는 마지막 말을 끝내고 나가버렸다.

◈◈◈

"티즈. 마켓팅부로 가고싶다고 그랬다면서."

복도에서 담배를 피우며 기다리고 있던 스타노프스키는 그녀에게 신경질적으로 물었다. 그러자 그녀는 누가 그런 얘길 했냐며 반문했고 그는 킬킬거렸다.

"제가 마켓팅부에 적임자라고 누군가 얘기했다고 들었어요. 사실 연구원 보수가 너무 적잖아요. 매니저들보다 학력으로나 근무경력으로나 여러모로 월등한데도 보수문제에 있어선 연구원은 언제나 뒷전이잖아요. 그 얘기라면 나중에 얘기해요. 난 지금 마켓팅부 책임자와 면담이 있어서 가봐야 해요. 어쨌든 전 제가 연구원이란 생각은 늘 하고 있으니까 언젠가는 반드시 다시 돌아올거예요."

그녀의 얘길 들으며 그는 "티즈에게 맞는 자리는 연구개발부에도 많아. 돈 문제 때문에 그런 거라면 그냥 '얼간이 바'에 계속 다니면 되잖아."라고 말했으나 그녀는 듣는둥 마는둥 하며 계단을 향해 걸었다.

복도 한쪽 벽에는 커피와 담배 자판기가 죽 늘어서 있고, 주위에는 한 무리의 연구원들이 웅성대고 있다. 그들은 그녀에 대해 쑥덕거리던 중이었다.

'실리콘 우먼'은 어느새 계단을 올라가고 있다.

그녀는 자신의 뒷모습을 쳐다보고 있을 남자들을 위해 일부러 엉덩이를 흔들며 걷고 있다. 스타노프스키 역시 다른 남자들과 같이 그녀의 뒷모습을 감상하고 있다.

그녀가 안 보일 즈음, 구경하던 남자들 중 한 사람이 말했다.

"엉덩이를 살랑거리면서 계단을 잘도 올라가는 구만. 경영학 석사학위가 있는 친구 하나도 이번에 마켓팅부에 지원을 했는데. 글쎄 저 여자 혼자 붙고 다 떨어졌다는군. 경쟁률이 40대 1이라고 그랬지 아마. 우리 회사가 이번엔 실리콘을 제대로 팔아보려는 속셈인가."

여기저기서 웃음이 터졌고 그들 중 누군가는 휘파람도 불어
댔다.

> 세일즈 맨들이여,
> 세일즈에 대한 전문지식이 없어도
> 그녀가 어떻게 성공하는지
> 눈여겨 보아라.
> 막강한 그녀 만의 탁월한 특기는
> 어느 부서에서나 '절대강자' 로 통하나니.

## 정의롭지 못한 명령도 복종해야 한다

직장인들이여,
30년 근속을 했고 부와 명예를 모두 거머쥔 실세이자
마술적이고 획기적인 영감의 소유자, 빅터 폴 베른을 소개한다.

연구개발부 소속 많은 연구부서 가운데 가장 규모가 큰 응용기술연구부에는 오늘따라 많은 사람들이 오가며 바쁘게 움직이고 있다. 그들은 연구실과 회의실, 세미나실 등에 대형 현수막을 걸어놓고 파티준비로 분주하다. 현수막에는 '응용기술연구부 부장 빅터 폴 베른 박사의 30년 근속기념 오찬'이라고 쓰여 있다.

지난 20여 년 간 베른 박사의 비서이자 조수를 역임했던 로욜라는 이 축하연을 무려 한 달이상 준비했다. 특히 그녀는 연구원들에게 '각자 자신있는 음식을 한 가지씩 직접 요리해서 가져오면 더욱 뜻깊을 것'이라는 얘길 해왔다. 그녀는 모든 연구원이 함께 축하하는 자리로 만들고자 했던 것이다.

연구원들은 사실 연구를 해야할 시간에 음식을 만들 짬이 어디 있느냐, 는 식으로 부정적인 반응을 보였었다. 그러나 행사 당일, 연구원들은 양손 가득 커다란 쟁반이나 종이봉투를 들고 나타났고, 행사장에 설치된 길다란 뷔페 테이블은 금세 갖가지 음식들로 가득 찼다.

30여 명의 참석자들은 저마다 작은 접시를 들고 뷔페 테이블에 올려진 형형색색의 산해진미를 집느라 즐거워 보인다.

하인츠 허조그 박사는 마들렌 위에 뿌려진 끈적한 치즈를 보면서 앨버트 타나카 박사의 귀에 대고 말한다.

"베른 부장처럼 끈적끈적한 것이 오늘 파티 분위기하고 딱 들어맞는군요."

그러자 타나카는 허조그에게 몹시 궁금하다는 표정으로 물었다.

"어제 베른 부장하고 새로운 프로젝트에 대해 얘기했던 것 아니었어요. 얘기가 잘 안됐나보군요."

"그 얘기보다 어제 베른 부장이, 월말에 있을 특허 심사위원회에서 이번 프로젝트가 무사히 통과되면 발명자 이름에 자기 이름도 기입해달라고 그러더군요. 공동 개발자라는 식으로요."

허조그는 언제나 그랬듯 주위를 살피며 낮은 음성으로 얘기했다.

베른은 기술조수부터 젊은 연구진까지 확실한 정보망을 갖고 있었다. 30년 근속인데 그 힘이 오죽하랴. 특히 타나카는 베른의 오른팔 격인 토드 딘 박사를 주시하며 허조그에게 소곤거렸다.

"그게 베른 부장의 주특기라더군요. 자기가 모두 개발한 것인양 특허출원서에 은근슬쩍 이름 끼워넣는 것 말이에요"

그때 타나카는 테사 유러 박사가 이쪽으로 오는 것을 보았다.

"유러 박사, 무슨 일 있어요. 안색이 안좋은데 ……."

확실히 그녀는 창백한 얼굴로 눈물까지 찔끔거렸다.

그녀는 기어 들어가는 목소리로 "베른 부장님하고 잠시 얘길 나눴는데, 아직까지 부장님이 나타나지 않고 있는 게 모두 저 때문인 것같다."는 얘기를 했다.

타나카와 허조그는 무슨 얘긴지 잘 모르겠다는 표정으로 행사가 끝난 다음에 다시 얘기하자며 그녀를 다독였다.

바로 그때 베른이 연단에 모습을 드러냈고 우레와 같은 박수가 터져 나왔다.

하얗게 머리가 센 베른은 감개무량하다는 표정으로 참석자들을 두루 살펴보았다. 30여 명의 참석자들 가운데 경영진이나 매니저들은 없었다.

그는 로욜라가 그동안 그의 지시대로 초대장을 보내고, 각 매니저들의 사무실을 제 집 드나들 듯 들락거리며 알렸다는 사실을 익히 알고 있다. 그럼에도 아무도 참석하지 않았다는 사실이 괘씸했지만, 그의 표정에는 일체 변화가 없다. 그는 언제나 '포커 페이스'를 유지하는 인물이었던 것이다.

그러나 로욜라는 그렇지 못했다.

그녀는 베른이 주최하는 파티에 최고경영진이 단 한 명도 참석하지 않았다는 사실에 분개하고 있다.

"우리 부장님이 무려 30년을 일하셨는데 잠깐이라도 얼굴은 비쳐야 하는 것 아니야. 그게 도리 아니냐구. 그동안 내가 지켜보니까, 회사가 우리 부장님의 뛰어난 연구공헌이나 실적에 대해 제대로 평가한 적은 한 번도 없었던 것 같아."

그녀는 부장이 아끼는 연구원 가운데 한 사람인 기술조수 메리에게 말했다. 그러자 메리는 웃는 얼굴로 그녀에게, "사장님과 기술이사님이 부장님의 박식함과 명석함을 시기해서 그런 것이 아닐까요."라고 말했다.

사실 로욜라와 메리는 베른을 숭배하는 것이나 다름없다. 그 두 사람은 연설을 하고 있는 베른을 사랑스런 눈으로 바라보며 감탄하고 있다.

"이렇게 열렬하게 환영해주고 축하해주셔서 정말 감사합니다. 제가 무려 30년 전에 입사했을 때 난 언제나 저런 자리에 앉아보나, 했습니다. 그런데 전 입사 선배나 동료들보다 더 빨리 이런 위치에 서게 된 것입니다. 그래도 30년이란 시간이 절대로 짧은 시간은 아닙니다. 아마 연구실의 오래된 기기나 자재들보다 제가 더 오래 됐지 않나 싶습니다."

참석자들은 베른의 솔직한 연설에 웃음을 터뜨리기도 하고 그런 연구원의 현실이 안타깝기도 하다며, 웅성댔다. 그 와중에도 베른은 얼굴 가득히 웃음을 지으며 만족스런 모습으로 참석자들을 바라보고 있다.

그때 로욜라가 끼어 들었다.

"존경하는 베른 부장님. 부장님이야말로 우리 연구개발부의 초석이자 응용기술연구부의 명실상부한 지도자이십니다. 때문에 저희 모두는 그동안 부장님이 이룩하신 많은 연구성과를 축하하고 감사하는 마음으로 이 자리에 모였습니다."

그녀는 연단 앞에 놓인 테이블에 커다란 액자와 축하카드, 그리고 선물들을 올려놓고 말을 이었다.

"저희 연구원들이 베른 부장님의 30년 근속을 기념하기 위해 준비한 선물입니다."

박수소리가 그칠 즈음, 그녀는 준비한 종이를 꺼내어 큰 소리로 읽기 시작했다.

"베른 부장님은 지난 30년 동안 200여 건에 이르는 특허와 발명 아이디어를 제공한 것 외에도 이루 헤아릴 수 없이 많은 연구공적을 이뤄내셨습니다. 그야말로 연구개발부의 기틀을 마련하는 데에 많은 노력을 아끼지 않으셨고, 또한 응용기술연구부의 산실로서 내외의 많은 연구원들의 귀감이 돼 오셨습니다. 부장님은 진정한 연구인이자 학자로서 공인된 '마술적이고 획기적인 영감의 소유자'임에 틀림없습니다. 이에 저희 모든 연구진은 감히 '마술적이고 획기적인 영감의 소유자'라는 명예로운 칭호를 드리는 바입니다."

베른은 기뻐서 어쩔 줄을 몰랐다.

그는 마술사 멀린[2]의 얼굴 대신 자신의 얼굴 이미지가 들어

---

2) 아더왕의 전설 가운데, 유명한 마법사 '멀린'에 대해서는 신화에서조차 여러 가지 설이 있는데 그의 강력한 마법으로 인해 멀린이 악마라는 설도 있고 몽마, 인큐버스 처럼 인간 사이에서 태어난 사람이라 불리기도 했다. 최근에는 켈트 신화에 전해져 내려오는 드루이드 수도승 중 하나가 멀린이라는 추측이 있기도 했다. 어쨌든 마법사 멀린은 아더가 태어나는 데에 큰 영향을 미친 인물로서 잘 알려져 있다.

있는 커다란 액자를 흡족한 듯 바라보았다.

참석자들은 박수를 치며 기뻐하기도 했고 우스꽝스런 액자 속의 마법사 얼굴을 보며 웃기도 했다.

타나카를 비롯한 몇몇 연구진은 허공을 쳐다보거나 혹은 편두통을 느끼며 들고있던 샴페인을 마셨다. 그러나 대부분 베른과 베른의 정보통을 의식한 나머지, 만면에 웃음을 띠고 있다.

"베른 박사님. 어서 카드도 열어보세요. 이번 행사를 위해서 토드 딘 박사님이 직접 카드에 헌정사를 쓰셨습니다."

메리는 흥분한 목소리로 재촉했다.

베른은 한없이 기쁘다는 얼굴로 카드를 열었다.

"마술적이고 획기적인 영감의 소유자께, 그리고 다정다감하며 인간적으로 위대하다는 느낌을 갖게 하는 베른 박사님께."

베른은 큰 소리로 카드의 상단을 읽다가, 카드에 있는 황금 열쇠로 황금 자물쇠가 굳게 채워진 나무상자를 열었다. 유독 많은 선물 가운데 황금 자물쇠로 채워진 나무상자는 금방 참석자들의 눈에도 띌 만큼 특별히 제작된 것처럼 보였다. 나무상자 안에는 붉은 비로도 위에 금시계가 놓여져 있다.

"예전부터 제가 직접 제작한 이 금시계를 선물로 드리고 싶었는데, 이렇게 뜻깊은 자리에서 선사하게 되어 영광입니다."

그는 카드를 마저 읽은 다음, 알람이 크게 들리도록 금시계의 버튼을 눌렀다.

"딘 박사님. 고맙습니다. 알람시계라……. 이젠 꼼짝없이 모든 미팅시간에 나가야 되겠군요. 연구에 몰두해 있는 나머지, 알

람 맞추는 것조차 잊게 되더라도 저의 로욜라양이 언제나 그랬
듯, 앞으로도 미팅시간을 미리 알려주리라고 확신합니다. 여하튼
선물 고맙습니다."

그의 말이 끝나자 로욜라는 기쁜 나머지 눈물까지 찔끔거
렸다.

나란히 앉아 있던 메리는 그저 짧게 박수만 쳤다.

"스커트 길이와 연설은 짧을수록 좋다는 말에 절대적으로 공
감하는 만큼 이것으로 제 얘기는 끝내겠습니다. 어서 맛있는 음
식들과 즐거운 시간을 즐기십시오. 고맙습니다."

그는 딘의 알람시계에 파티 종료시간을 맞춘 뒤, 연단에서 내
려왔다.

파티가 시작한지 30여 분이 지난 뒤, 타나카와 유러는 복도를
따라 사무실을 향해 가고 있다.

그때 허조그가 따라오더니 빈정대는 말투로 입을 열었다.

"베른 부장이 그렇게 뛰어난 줄은 미처 몰랐는데요. '마술적
이고 획기적인 영감의 소유자'라는 말을 들으니까 진짜 그런가,
하는 생각이 들 정도에요."

"저도 부장님이 개발한 아이디어가 그렇게 많은 줄 오늘에야
알았어요"

유리 역시 놀랐다는 표정으로 말을 이었다. 그러자 타나카는
씁쓸한 표정을 지었다.

"그게 모두 순수하게 베른 부장 것이면, 정말 '마술적이고 획
기적인 영감의 소유자'겠죠. 그런데 그 진실을 알고있는 사람들이

입을 자물쇠로 굳게 채우고 있으니, 어느 누가 진실을 알겠어요"

말을 마친 타나카는 유러와 함께 사무실로 들어간 다음, 문을 닫아 버렸다.

＊＊＊

사무실에 들어간 두 사람은 편안한 자세로 앉아 커피를 마시고 있다.

타나카는 유러에게 이제 얘길 해보라고 말했다.

"타나카 박사님도 아시잖아요. 부장님이, 오늘 아침에 현재 개발중인 '울트라-센서티브 단백질 분석법 프로젝트'에 대해 얘길 좀 하자고 부르신거요. 그런데 부장님은 그 얘기를 하자고 절 부른게 아니었어요. 준비해간 데이터와 보고서는 아예 보지도 않으셨다구요."

"아니, 그럼 왜 보자고 그랬어요."

그녀는 울먹거리던 표정과 자세를 바로 잡고는 그에게 차분한 음성으로 천천히 얘기했다.

"3년 전에 제가 입사할 때 제출했던 제 연구물의 라이선스 때문이에요. 박사님도 알고 계시죠. 제가 말씀드렸잖아요. '지방질 분해효소 검출을 위한 마이크로 분석법'을 연구한 제 과제물이 통과되어 입사하게 됐던거요."

"물론 기억합니다. 그때 그 프로젝트가 특허비용이 없다는 이유로 최근까지도 계류중이라는 ……. 맞죠"

당시 그녀는 회사가 제시한 입사조건에 불만은 있었지만, 마침 박사학위를 준비하면서 완벽하게 연구를 끝낸 프로젝트를 검증해보고 특허출원도 할 요량으로, 입사서류와 함께 제출했었다. 그런데 그 프로젝트가 통과되어 그와 함께 근무하게 된 것이다. 3년 전부터.

"네. 그때 박사과정 담당 교수님이 대학에서 특허출원까지 하기엔 시간도 걸리고 비용도 감당하기 힘들다고 하셔서 저보고 직접 특허를 받으라고 하셨거든요. 근데 베른 부장이 특허 심사위원회 위원이잖아요. 게다가 이 프로젝트에 대해서 평가하기를, 잠재력이 있고 현재 응용기술연구부가 진행하고 있는 '효소연구 프로젝트'에도 상당히 기여할 수 있겠다면서 관심을 보이더라구요. 그래서 실은 그 프로젝트의 특허출원을 부장님께 맡겼었거든요"

그녀는 목이 타는지, 말하는 내내 커피를 홀짝였다.

그 역시 커피를 마시며 그녀의 얘기를 열심히 들었다.

"저는 그동안 부장님만 믿고 특허출원이며, 라이선스 계약이 언제나 될까, 기다리기만 했어요. 그런데 오늘 아침에 갑자기 저한테 그런 얘기를 하는 거에요. 지금 특허출원이 계류중인 제 프로젝트가 사실은 회사의 '효소연구 프로젝트'에서 따온 아이디어가 아니냐구요. 제가 지금 응용기술연구부에서 효소연구를 하고있는 데다가 사외 효소관련 미팅에 참석하고 있으니까, 이러한 모든 정황으로 볼 때 충분히 가능성있는 시나리오라면서, 이 사실을 최고경영진이 알게 되면 가만히 있지 않을 거라고 협박을 하는 거예요."

그는 울먹이는 그녀의 목소리를 들으며, 생각에 잠겨 있다.

그녀는 울분을 참을 수 없다며 자리에서 일어섰다.

그때 그가 다시 그녀를 자리에 앉히며, "그래서 뭐라고 그랬어요."라고 물었다.

"전 너무 기가 막혀서, 무슨 말씀인지 모르겠다고 따졌죠. 제가 제출한 연구물은 입사하기 오래 전부터 진행해왔던 것이고 그런 증거는 제가 졸업한 학교와 담당 교수님께 확인해 보면 금세 알 수 있을 거라고 했죠. 그리고 솔직히 우리 회사에서 '지방질 분해효소 검출을 위한 마이크로 분석법'에 대해 연구한 사람도 없잖아요."

그녀는 끓어오르는 분노를 삭이려고 잠시 말을 그쳤다. 그러자 그는 부장이 지금 무슨 짓을 하고 있는 것인지 아느냐, 며 다그쳤고 그녀는 고개를 흔들었다.

"부장이 유러 박사님한테 '빠른 특허출원을 위해서든 어떤 명목에서든, 특허출원서의 내용변경이 불가피하고 또 발명자 이름난에 부장 이름을 넣으면 그런 오해나 의혹은 모두 대신해서 불식시켜주겠다. 그리고 원한다면 유러 박사님 이름까지 함께 넣어서, 공동개발자로 특허출원서를 제출하면 빠른 시일 내에 라이선스를 갖게된다.'고 선심 쓰는 체하면서 얘기하지는 않던가요."

그녀는 자신이 겪은 일을 정확하게 얘기하는 그가 의심스러울 정도였다. 마치 이미 베른 부장한테 모든 정황을 들었거나 그 자리에 있었던 것처럼 똑같이 설명을 하는 게 아닌가.

"그리고 부장은 자기가 말한대로 하면, 유러 박사님은 영광스런 특허출원서를 받고 공동개발자로서 회사가 주는 300달러의 상금도 받게 될거라고 했겠죠"

"아니, 그걸 어떻게 아셨어요. 부장은 제게 회사 규정대로 특허출원서를 작성하고 필요하면 특허 심사위원회가 원하는 형식에 모두 맞춰야 한다고 했어요. 이미 공인된 기관으로부터 평가까지 받은 프로젝트인데, 그런 회사형식에 맞춰야 특허가 출원된다니, 그게 말이 됩니까. 게다가 자기가 말한대로 하면 앞으로도 계속 같은 부서에서 연구할 수 있게 해줄 것이고, 조만간 특허가 출원되면 공동개발자로서 회사로부터 인정받게 될테고 그럼 300달러가 문제가 아니라 승진하는 데에도 긍정적인 영향을 끼칠 거라고 하더군요. 근데 박사님은 어떻게 아셨어요"

"저도 간접적으로 겪어봤거든요. 베른은 안봐도 뻔한 사람이에요. 지금까지 그런 방법이 통했기 때문에 부장도 됐고 무려 30년을 버틸 수 있었던 거죠. 예전에 저도 그런 비슷한 일을 간접적으로나마 겪어서 잘 알죠. 저도 정말이지 허탈했답니다. 그때 읽었던 싯귀〔詩句〕가 생각나네요"

## 완전범죄

법을 어기고 죄를 짓는 사람은
언젠가는 모든 것이 탄로나
심판을 받게 된다고 하지만
아무리 밝히려 해도
감춰지는 범죄가 있다네.
피해자는 있어도
증거자료가 있어도
범죄자는 양심의 가책도 없이
활개치며 승승장구 한다네.

오호 통재라.
범죄자에게 간과 쓸개까지 빼주는 이
범죄자를 숭배하고 흠모하는 이
범죄자의 막강라인에 줄서는 이

"어쩌면 베른이 한 짓거리와 이렇게 똑같을 수가 있어요. 혹
시 베른이 타나카 박사님의 아이디어도 훔쳤나요"

그녀는 세계적인 화학자로 명성을 날리고 있는 그 또한 자신
이 당한 똑같은 방식으로 베른에게 당했다는 사실에 경악을 금
치 못했다. 그러나 그는 고개를 끄덕이며 말했다.

"그게 이 회사에 입사하면 한번쯤 겪어야할 절차 중에 하나

죠. 재직중인 대부분의 연구원들이 값비싼 대가를 치러서 지금의 위치에 있게 된 겁니다."

그녀는 힘없이 당하기만한 동료 연구원들이 답답하게 느껴졌다. 특히 같은 연구원을 등치는 베른은 더더욱 혐오스러웠다.

"왜 다들 가만히 있는거에요. 그리고 베른도 얻는 것은 솔직히 없지 않나요. 명예 외에는 회사가 주는 것도 없는데. 회사가 지급한다는 상금도 유명무실해진지 오래잖아요. 왜 그런 짓을 하는거죠. 그리고 왜들 가만히 당하고만 있는거에요. 답답해 죽겠어요"

그녀는 분통이 터졌다. 어디에 하소연할 곳도 없고 거의 미치기 일보 직전이었다.

"진정해요. 유러 박사. 베른 같은 위치에 있게 되면, 연구가 곧 보너스에요. 베른은 겉으로만 연구원일 뿐이지 최고경영진이 되려고 호시탐탐 기회나 엿보는 아주 탐욕스럽고 비굴한 사람이에요. 사실 최고경영진은 베른을 좋아하지 않지만, 그를 어쩌지도 못하죠. 베른은 연구원으로서 상당기간을 근무한 데다가 그의 휘하에 있는 선임연구원들이 사실상 회사의 실질적인 수익을 내고 있으니까요. 더구나 그의 라인이 막강한데다가 그가 중추적인 세력의 수뇌니까, 최고경영진이 어려워하죠. 또 부양가족이 있는 연구원들은 회사를 계속 다니려면 어쩔 수 없이 그의 뜻에 응할 수밖에 없고 고비만 잘 넘기면 베른이 알아서 챙겨주기도 하고, 솔직히 그의 말대로만 하면 승진평가에서 누락될 일도 별로 없으니까요."

그는 한숨을 내쉬며 남은 커피를 모두 마셔버렸다. 그리고 다시 말을 이었다.

"만약 베른의 뜻에 거역할 생각이라면, 조심해야할 거에요. 조만간 연구개발부에서 배척당하게될 지도 모르거든요. 회사는 다른 연구원을 신규 채용하면 그만이니까, 문제삼지도 않을 거고. 그래서 우리 연구개발부의 이직률이 높아요."

그때 희뿌연 창문 밖으로 세 사람이 지나가는 게 보였다.

얼핏 메리의 목소리가 들렸다. 그들의 목소리가 멀리 사라진 후에야 그는 다시 말을 이었다.

"이제서야 얘기지만, 연구개발부에서 2년 이상 버틴 사람이 몇 명 안돼요. 아무리 연구원에 대한 보수가 형편없다고 그래도 대학연구소 보다는 나으니까, 저를 비롯해서 남아있는 몇몇은 부양해야할 가족이 있기 때문에 쉽게 퇴사를 결정할 수가 없었어요. 유러 박사님은 저처럼 부양가족이 있는 것도 아니고 젊고 유능하니까 베른에게 매달릴 필요는 없겠지만, 전 유러 박사님을 놓치고 싶지 않아요. 정말 보기 드문 연구철학을 가진 분 같아서요. 요즘에 누가 연구직을 하려고 합니까. 월급 많이 주고 일 적게 하는 매니저나 하려고 하지."

그녀는 그의 말이 끝날 때까지도 고개를 숙이고 있다. 빈 커피잔을 쥔 채, 가만히 듣고만 있는 것이다.

그는 잠시 뜸을 들인 후에 그녀에게 물었다.

"근데, 유러 박사님. 오늘 아침에 베른에게 뭐라고 했는지 제게 말해줄래요"

그녀는 사실 베른에게 솔직하게 말한 것을 후회하고 있다. 그녀는 걱정스런 표정으로 대답했다.

"전 너무 화가 나서, 제 특허출원서에 부장님의 이름을 기재할 생각이 없고 부장님도 제 서류를 마음대로 변경할 권한은 없다고 그랬어요. 그리고 라이선스에 대해서도 당연히 제가 발명자니까 제가 가지는 것이 당연하다구요. 더구나 벌써 변리사와 법제팀장에게 이 문제로 상담까지 마쳤다고 그랬죠. 변리사와 법제팀장은 저 혼자서 발명했다는 사실을 알고 있거든요. 그리고 법제팀장은 라이선스를 계약하려는 사람이 나오면 언제든지 제 마음대로 결정할 수 있다고 했어요. 그 얘기도 전부 다 부장에게 말했어요. 오늘 아침에."

그러자 그는 얼굴을 찡그리며 웃음을 터뜨렸다.

"아마 베른 그 양반이 오늘 엄청 놀랐겠는데요. 그 사람, 아마 오늘같은 경우는 지금까지 처음이었을 겁니다. 유러 박사님, 의외로 당찬 데가 있네요."

"근데, 제가 막 사무실을 나가려고 할때, 베른이 '다음에 봅시다. 난 꼭 그렇게만 생각하진 않아요.' 라고 말했어요. 자기 뜻대로 안되면 딴 사람 것이라도 훔쳐서 하지 않을까요. 지금 생각하니까 꼭 그럴 것만 같아요."

그는 그녀의 말을 듣고는 더 큰 소리로 웃으며 용기를 기지라고 말했다. 그러나 그의 말은 그녀에게 별로 위로가 되지 못했다.

불길한 예감 때문에 그녀는 불안했다.

　　　　　❁❁❁

　그로부터 6개월이 지났다.

　타나카와 유러는 그들이 공동으로 개발한 '울트라-센서티브 단백질 분석법 프로젝트'의 특허출원서에 베른의 이름을 추가하기로 합의했다. 그러나 베른은 토드 딘과 그의 기술조수인 메리의 이름까지 모두 기입할 것을 강력하게 요구했다.

　"메리는 단지 딘 박사에게 용액만 준비해준 것 밖에는 한 일이 없잖습니까. 또 딘 박사도 이번 프로젝트에 기여한 것이라고는 기록된 공식에 따라 펩티드(peptide)를 효소기질(enzyme substrate)로 바꾸어 분석한 것밖에 없구요. 그런데 어떻게 베른은 그 사람들 이름을 특허출원서에 넣으라고 하는 건지, 도대체 이해가 안돼요"

　유러는 억울한 마음을 타나카에게 호소하고 있다.

　"진정하세요. 베른은 상식적으로 이해가 안되는 사람이에요. 그 사람은 딘과 메리를 앞세워서 자신의 이름까지 모두 넣으려고 그런거에요"

　저온저장실에서 꺼낸 시험관을 들고가던 타나카는 메리가 그들을 보고 있는 것을 알아차렸다. 그는 유러에게 곁눈질을 하면서 메리가 복도로 나가는 것을 확인한 뒤, 다시 입을 열었다.

　"아무래도 입조심을 해야하니까 이따가 한적한 곳에서 점심이나 먹으면서 얘기합시다. 전에 내가 말했죠. 메리와 딘이 있는 곳에선 가급적 말을 삼가는게 좋을 거라고"

그는 다정하게 미소를 지으며 예전 일을 상기시켰다.

그녀 역시 그러는 게 낫겠다고 말한 뒤, 두 사람은 헤어졌다.

회사 사람들이 별로 오지않는 한적한 식당에 마주앉은 두 사람은 서둘러 음식을 주문했다.

타나카는 앞으로 있을 프리젠테이션에 대해 얘기했지만, 유러는 내내 걱정이 있다는 표정이다.

"타나카 박사님도 아시다시피, 인사평가도 얼마 남지 않았는데 제가 베른하고는 사이가 안좋잖아요. 이 회사에 근무한 지도 벌써 3년쨋데 이번에도 인사평가에서 누락되면 근무하기가 쉽지 않을 것 같아요. 딘은 저보다 입사만 약간 빨랐지, 연구실적이나 성과도 저보다 형편없는 데다가 박사학위도 저보다 훨씬 늦게 받았는데 벌써 선임연구원이잖아요. 어떻게 해야 좋을지 모르겠어요"

고민을 털어놓는 그녀를 그는 웃으며 위로했다.

"저도 베른과 유러 박사님의 승진문제에 대해 얘기를 나눴습니다. 당연히 승진시켜야 한다구요. 더구나 유러 박사님은 벌써 화학연구직 책임자에게 필요한 직무가치 평가기준에 훨씬 웃도는 성적을 냈더군요. 걱정마세요. 이번 승진은 당연한 것이니까요"

그동안 그녀는 베른과의 문제도 있고 해서 꼬박 연구에만 매달려 왔다.

사실 그녀는 베른과 마주치기 싫어서 연구실에서만 생활하기도 했지만, 그녀가 맡은 연구 프로젝트가 흥미롭고 연구한 만큼 좋은 성과가 나오기도 해서 기쁘게 연구에만 몰두할 수 있었다. 때문에 어쩌다가 복도나 휴게실에서 베른과 마주치더라도 웃으며 농담까지 주고받을 정도로 즐겁게 시간을 보냈고, 몇 번이나 그녀의 연구실에 직접 찾아온 베른과 딘에게도 기쁜 얼굴로 연구내용을 설명할 수 있었다.

유러의 프리젠테이션이 있기 일주일 전, 타나카는 연구실에 있는 그녀를 불러 격려했다.

"유러 박사님. 정말 최선을 다하는 모습이 보기 좋군요. 지금 막 베른과 얘기했는데, 승진문제에 대해선 더이상 염려하지 않아도 되겠습니다. 그리고 제가 출장을 가는 관계로 한 일주일 정도 자리를 비울 것 같습니다. 물론 유러 박사님이 프리젠테이션 하기 전에 돌아올 겁니다."

프리젠테이션이 사흘 남은 어느날, 타나카는 아직 돌아오지 않았는데 그녀의 책상에는 로욜라의 메모가 있었다.

'내일 오전 9시에 베른 부장실에서 미팅이 있다.'는 것이다.

그동안 유러는 타나카의 얘기를 위안삼으며, 편안히 연구에만 몰두할 수 있었다. 그런데 갑자기 무슨 미팅이란 말인가. 더구나 직속 상관인 타나카가 자리를 비운 이때에, 자신과 급하게 처리할 일이 생겼다는 것인가.

그녀는 의아했지만, 자꾸만 자신의 승진문제 때문이 아닌가, 하는 생각이 들었다.

"왜 저한테 묻죠. 전 몰라요. 그렇게 궁금하면 베른 부장님하고 직접 얘기해보세요. 지금 사외미팅이 있어서 안계시는데 기다리고 있으면 언젠간 오시겠죠."

로욜라는 평소와 달리, 쌀쌀맞다.

"로욜라양이 부장님의 미팅은 모두 준비하잖아요. 알고 계신 대로 말씀해주세요. 뭘 준비해야할지 몰라서 그래요."

유러는 사정을 해보았지만, 로욜라는 여전히 매정하게 대했다. 급기야 컴퓨터 전원을 끄고는 핸드백을 들면서 선약이 있는 관계로 빨리 나가봐야겠다고 말하고는 일어서는 것이다.

유러가 엘리베이터를 향해 뛰다시피 걸어가는 그녀를 뒤쫓으며 계속 사정을 하자, 그녀가 말했다.

"난 말할 수 없어요. 부장님이 절대로 말하지 말라고 하셨거든요. 그렇게 알고 싶다면, 타나카 박사님한테 여쭤보면 될 게 아니에요"

타나카 박사님이 해외 출장 중이라 물어볼 수도 없다고 하자, 그녀는 "아, 그래서 부장님이 타나카 박사님을 출장보냈구나." 라는 얘길 했다.

유러는 순간 무슨 일인가가 자신에게 벌어질 것만 같은 불길한 생각에 사로잡혔다.

그녀를 이대로 그냥 보낼 수 없다는 생각이 들었을때, 엘리베이터 문이 막 닫히려 했다.

바로 그때 로욜라는 엘리베이터의 열림 버튼을 누르며 이렇게 말했다.

"난 정말 말할 수 없어요, 유러 박사님. 정이 궁금하시면, 제이 러시 씨에게 물어보세요. 내일 미팅에 그분도 동석하실 테니까요."

제이 러시라면 인사부 직원이자 연구개발부 소속 하위 연구원들의 인사와 자금관리를 담당하는 사람이다.

유러는 도대체 알 수가 없었다.

베른은 정말 상식으로는 절대 이해할 수 없는 인간이야, 라는 생각이 머리를 스쳤을 때 지나가던 메리가 유러를 보고 말했다.

"유러 박사님. 혹시 연구실 가운을 입은 채로 퇴근하실 건 아니죠."

갑작스런 얘기에 유러는 당황했지만, 곧 "할 일이 남아 있다."고 대답했다. 그러자 메리는 항상 야근하기도 힘들겠다는 둥, 낮에는 뭐하다가 퇴근 무렵이 되니까 바쁘냐는 둥, 빈정대며 지껄이다 복도 끝으로 사라져 버렸다.

메리가 사라진 뒤에도 유러는 생각을 정리하기가 힘들었다. 하지만 자신의 신상에 좋지않은 일이 내일 오전 9시에 분명히 벌어지리란 예감은 점점 확신이 되었다. 그러자 가만히 앉아서 당할 수는 없다는 생각이 들었고, 곧이어 유러는 연구실 가운을 벗고 쇼핑몰로 향했다.

꽃무늬 장식

이튿날 아침이 되었다.

정각 9시가 되려면 아직 20여 분 정도가 더 있어야 했다. 유러는 두근거리는 마음을 진정하기 위해 화장실의 차가운 타일 벽에 기댄 채 눈을 감고 있다.

깊게 몇 번 숨을 들이쉬고 내쉬기를 반복하더니, 곧 거울로 다가간다.

"정신 똑바로 차리자. 테사 유러. 초조해하지 말고 차분하게."

자신에게 몇 번씩이나 자기암시를 한 뒤에 그녀는 옷매무새와 화장을 고쳤다.

그녀는 짙은 곤색 슈트 안에 받쳐입은 하늘색 셔츠 블라우스의 깃을 세웠다. 그리고는 립스틱을 한번 더 바른 다음, 가죽 핸드백에 들어있는 소형 카세트의 녹음 버튼을 눌렀다. 그 소형 카세트는 바로 어제 그녀가 쇼핑몰에서 구입한 것이다.

그녀가 베른의 사무실로 들어서자, 베른과 딘, 러시가 모두 앉아 있다가 그녀를 맞았다.

베른은 커다란 가죽의자에 기댄 채 만면에 웃음을 짓고 있다. 한쪽 벽에는 회사에서 수어한 공모싱과 특허출원증이 끝도 없이 진열돼 있다.

딘과 러시는 커다란 마호가니 책상을 사이에 두고 베른과 마주보고 있다. 그들 역시 커다란 가죽의자에 눕다시피 앉아 있다.

"유러 박사님, 이쪽으로 앉으십쇼"

베른은 창가 앞에 있던 커피 테이블과 낮고 작은 의자를 가져다가 앉으라며, 친절한 체했다.

커다란 가죽의자와 낮고 작은 의자, 남자와 여자.

그녀는 이 모든 위압적인 상황이 철저하게 계산되고 계획된 것이라는 생각이 들었다. 그러나 그녀는 일부러 태연한 척하면서 허리를 세워 꼿꼿하게 앉았다.

"유러 박사님. 우선 연구개발부 연구원들의 인사를 담당하고 있는 인사부 제이 러시 씨를 소개합니다. 그리고 현재 타나카 박사님이 부재중이라서 선임연구원 딘 박사님에게 유러 박사님의 상사로서 자리해달라고 제가 긴급하게 요청을 했습니다. 고맙게도 딘 박사님이 흔쾌히 승낙하셔서 지금 이 자리에 동석하게 된 것이구요"

유러는 기가 막혔다.

'윗사람 비위를 맞추느라 연구 프로젝트도 뒷전인 토드 딘이, 저 새파란 어린 녀석이 내 상관이라니……'

베른은 참석한 사람들을 하나씩 살펴 본 뒤에야 다시 말을 이었다.

"유러 박사님한테 더 일찍 알리지 못한 제 불찰을 우선 사과드리구요. 프리젠테이션이 코앞에 닥쳐서 오늘로 급하게 미팅을 잡았습니다. 사실 프리젠테이션보다 오늘 논의해야할 사안이 더 심각한 것이라 더이상 미룰 수도 없었구요"

그때 러시가 베른의 바통을 이어 말하기 시작했다.

"베른 박사님이 오늘 이 자리를 갖게된 이유를 설명하기 전에, 먼저 준비된 이 자료부터 읽어보셔야 될 것 같습니다."

러시가 건네준 2쪽에 걸친 회사 공문은 바로 인사부가 관리해야 할 '직원 인사기록카드' 였다.

큰 제목에는 테사 유러가 굵은체로 인쇄돼 있고 표지에는 베른과 타나카의 이름이 나란히 찍혀 있다. 그리고 타나카의 이름 옆에는 직속 상관이라는 타이틀만 있을 뿐, 자필 서명난은 비어 있다.

'그렇다면 이 서류는 베른 혼자서 작성했다는 얘긴데.'

그녀가 고개를 들었을때, 베른은 몹시 불안하고 불편한 표정을 지었다.

순간, 그녀는 베른 혼자서 이 공문을 작성했다고 확신했다.

"천천히 읽어보십쇼. 불안해하지 말구요. 괜찮겠죠. 러시씨."

베른은 온화한 미소를 지으며 말했다.

러시는 손목시계를 쳐다보며 고개를 끄덕였고, 딘은 손톱을 깨물고 있다.

그녀는 녹음기를 떠올리며, 큰 소리로 읽어도 괜찮겠냐고 묻는다.

"그렇게 하십쇼. 그럼 우리들도 공문 내용을 상기할 수 있고 좋죠. 뭐. 사실 자기가 쓴 글도 기억헤내기가 쉽지 않죠. 나이가 들어서 그런지, 저도 깜빡깜빡 한답니다."

베른은 좋은 방법이라며 큰 소리로 웃으며 말했다.

그녀는 공문을 펼치며 큰 소리로 읽는다.

"테사 유러는 직속 상관인 앨버트 타나카와 응용기술연구부의 총책임자 빅터 폴 베른 부장에게 자신의 승진문제에 대해 여러 차례 건의를 해왔다. 이에 그녀의 요청을 심사숙고하여 판단한 결과, 앨버트 타나카와 빅터 폴 베른은 그녀의 승진이 사실상 불가하다는 결정을 내렸다.

테사 유러가 승진을 하기 위해서는, 우선 연구 프로젝트를 통한 상당한 수준의 연구성과, 즉 본사의 수익성과 직결되는 가시적인 업적을 이룩해야 한다. 그녀는 학계에서 총 7년, 업계에서 3년의 연구경력을 보유하고 있으나, 입사 후 지금까지 실질적인 수익성을 제공한 연구결과는 업무평가 기준에 미치지 못하는 상태이므로 승진이 불가하다는 것을 통보하는 바이다.

또한 본사가 필요로 하는 응용연구 부문에 관한 연구논문이나 프로젝트 진행상황을 살펴보면, 본사 인사부가 책정한 업무평가 기준에 미달하는 수준이므로 승진이 불가하다는 것을 통보하는 바이다.

또 현재 진행하고 있는 '효소 연구 프로젝트'를 '울트라-센서티브 단백질 분석법 프로젝트'에 응용한다고 했으나 역시 문제해결능력, 프로젝트의 전반적인 설계 및 계획 가능역량, 데이터 기록능력 등이 현저히 부족한 것으로 평가되므로, 위에 열거한 능력을 개선하여 가시적인 성과를 이룩하기 전까지는 승진이 불가하다는 것을 통보하는 바이다.

위의 세 가지 지적업무능력 평가가 미달수준으로 분석된 것 외에도 테사 유러는 야근과 잔업량이 상당한 수준이었던 것으로 밝혀져, 주어진 시간 내에 혁신적으로 집중력있게 연구에 임하지 못하는 것으로 추정된다. 이로써 그녀의 업무능력이 현저히 기준치에 미달하는 것으로 짐작되므로 테사 유러가 제출하는 각종 데이터와 양식을 집중적으로 관리할 필요가 있다고 여겨진다.

또한 이번 기회를 계기로 테사 유러는 응용기술연구부의 팀웍정신을 함양하기 바란다. 이기적인 연구태도는 버리고 본사의 수익성과 이익에 헌신하는 자세를 갖춘다. 특히 애사심과 관대함의 기본 원칙에 입각한 회사의 뿌리깊은 문화를 인지하고 올바른 직업의식을 갖추는 것이 필요하다.

앞으로 테사 유러 연구원이 위의 지적된 사항들을 깨닫고 개선해 나갈 것이라 믿으며 상관으로서 적극적으로 후원할 것임을 약속하는 바이다. 이와 관련해 그녀의 지적업무능력 평가는 앞으로도 면밀하게 분석할 것이며 이 자료는 인사평가 자료로 활용할 것임을 밝힌다.

의안발의 : 토드 딘. 서명 : 빅터 폴 베른."

＊＊＊

유러는 충격을 심하게 받은 나머지, 아무 말도 할 수 없었다.

그녀는 믿을 수 없다는 듯 손에 들려있는 공문만을 넋놓고 쳐다볼 뿐이다. 그녀는 고개를 들어 베른을 쳐다보았다.

베른 역시 그녀를 주시하고 있다.

그녀는 베른이 30년 근속 축하연을 하던 그날부터 복수를 계획하고 있었다고 생각했다. 그는 양심의 가책은 전혀 느끼고 있지도 않고 오히려 그녀의 연구명성은 물론이고 학계와 업계의 장래성까지 송두리째 망치려 하고 있는 것이다.

그녀는 절대 호락호락 넘어가지 않으리란 생각으로 두 주먹을 불끈 쥐었다.

"무슨 얘긴지, 도대체 이해가 안되네요. 딘 박사님. 구체적으로 부연설명 좀 해주시겠어요"

그녀는 딘을 쳐다보았다.

딘은 다리를 포갠 채 팔짱을 끼고는 벌개진 얼굴로 책상 끝만 바라보고 있다.

"간단히 말해서, 유러 박사님의 성숙하지 못한 직업관을 고치고 뚜렷한 연구성과가 있어야만 승진할 수 있다는 얘깁니다."

딘의 설명을 들은 그녀는 짐짓 태연한 어조로 말했다.

"베른 부장님. 제가 정확히 1년 전에 직접 제출한 서면내용대로 승진시켜 달라는 겁니다. 당시 타나카 박사님도 제 요청이 타당하다고 평가하셨고, 부장님도 동의하셨던 것으로 분명히 기억합니다. 그리고 러시씨, 저의 직속 상관인 타나카 박사님이 해외 출장에서 돌아오시는 대로 이 모든 평가와 함께 저의 연구성과를 확인해주실 겁니다."

그녀는 어떠한 선입견이나 편견없이 사실대로 얘기해주길 바라는 마음으로 러시를 쳐다보았다.

"지금 베른 박사님의 업무능력평가가 잘못됐다는 겁니까. 베른 박사님은 지금까지 30년 가까이 연구원들의 업무능력을 평가하셨습니다. 박사님의 충심을 고맙게 생각하고 귀담아 들어야지, 다짜고짜 부인만 하면 어쩝니까."

유러는 러시의 말을 들으며, 이 사람도 베른의 사주를 받았거나 베른의 막강라인에 소속된 사람일 것이라는 생각을 한다.

이제 그녀를 도와줄 사람은 앨버트 타나카 한 사람 뿐이란 말인가. 허탈한 생각 뿐이었지만, 이렇게 주저앉을 수는 없다.

"공문에는 10년으로 못박으셨던데, 사실 지금까지 전 20년 이상 연구활동을 해왔습니다. 그동안 국제적인 학술지와 유력 과학잡지 등에 많은 논문을 발표했고 학계에서도 인정받았구요. 또 이와 관련해서 수상경력도 많습니다. 때문에 많은 연구자들이 제 논문과 칼럼 등을 도용하기도 했습니다. 솔직히 이 회사도 저의 연구경력이 풍부했기 때문에 채용한 게 아닙니까."

그녀는 잠시 말을 끊고 그녀를 벼랑 끝에 서게 한 인사기록카드를 쳐다보았다.

"학계에서의 교육내용과 연구경험을 전혀 인정할 수 없다는 말을 누가 믿겠습니까. 사실 어떤 발명품이든 학문적인 연구와 데이터가 없으면 어떻게 개발할 수가 있습니까. 베른 부장님은 회사가 산학협동의 연을 맺은 학계로부터 자문을 받고 있다는 사실을 부인하지는 못하시겠죠. 만약 이 공문내용 대로 학계의 연구경험은 신뢰할 수 없고 인정할 수 없다면, 왜 돈 들여가면서 자문을 받는 겁니까."

"유러 박사님의 말씀도 일리는 있지만, 우리 회사에 입사했고 현재 우리 회사에서 연구를 하고 있으니까, 적어도 이 회사 직원이면 회사가 제시하는 평가기준에는 맞춰야 한다는 얘깁니다. 가시적인 연구성과는 있어야 승진도 고려해볼 것이 아닙니까. 다른 연구원들이 그런 것처럼 똑같이 말입니다."

베른은 '특출난 것도 없으면서 왠 말이 많으냐.'는 표정으로 그녀를 쏘아보았다.

"가시적인 연구성과요. 지난 3년 동안 쉬지않고 연구 프로젝트를 맡아왔고 개발한 발명품은 총 15개입니다. 베른 부장님은 응용기술연구부가 개발한 대부분의 발명품에 이름이 올라가 있는 데다가 최근에는 저와 타나카 박사님이 공동 개발한 발명품의 특허출원서에 부장님은 물론이고 딘 박사와 메리씨의 이름까지 모두 올리라고 하셔서 총 다섯명이 공동 개발한 것으로 하지 않았습니까. 그런 식이라면, 전 평생을 다녀도 승진은 못하겠군요."

베른은 갑작스런 그녀의 돌출 발언에 깜짝 놀랐다.

딘 또한 상기된 얼굴로 그녀를 쳐다보았다.

"여러 명이 공동 개발자가 된 것은, 다시 말해서 유러 박사님이 문제해결능력이 없다는 단적인 증거가 아니겠습니까. 그리고 승진평가에서 계속 누락된다면, 그런 무능한 직원에게 월급을 줄 회사가 있겠습니까."

러시는 그녀의 말에 놀라지도 않고 얘기했다.

그녀는 머리끝까지 화가 났다. 그러나 화만 낸다고 문제가 해결될 것은 아니었다. 수적으로도 그녀는 궁지에 몰린 쥐가 아닌가. 이런 때일수록 침착하게 내 자신을 변호해야 한다.

"문제해결능력이 없다니요. 그 건에 대해선 딘 박사님이 하실 말씀이 있으리라 생각합니다. 전 '울트라-센서티브 단백질 분석법 프로젝트'에서 상당량의 단백질을 검출하는데 필요한 알고리즘을 혼자서 생각해냈고 개발했습니다. 이러한 사실은 곧 타나카 박사님이 오시면 밝혀주실 것입니다."

"타나카 박사님이야 연구분야에 있어서는 국제적으로도 인정받는 실력자이십니다. 그렇지만 우유부단한 데다가 결정적으로 인사평가에 있어서는 독립적인 의견을 제시하지 않기 때문에 오히려 불리하게 작용될 수도 있을 거라고 보는데요. 다시 말해서 큰 영향력이 없다, 이겁니다. 그래서 유러 박사님의 전반적인 평가는 앞으로 딘 박사가 담당할 것입니다."

그녀는 베른의 말에 분개했지만, 차분하게 자신의 입장을 설명했다.

"제가 다루는 연구 프로젝트는 물리화학(physical chemistry)과 분석화학(analytical chemistry)에 국한된 내용이 대부분입니다. 때문에 타나카 박사님이야말로 물리 화학자로서 제가 연구한 결과물을 검토힐 수 있는 유일한 화학 전문가라고 생각합니다. 딘 박사님은 기초적인 화학분야의 경험조차 전무하다고 들었는데, 어떻게 평가를 할 수가 있습니까."

베른은 경멸하는 눈빛으로 그녀를 쏘아보며 목소리를 높였다.

"저는 그렇게 생각하지 않습니다. 유러 박사님이 무슨 근거로 딘 박사를 평가절하 하는지 도무지 이해할 수가 없군요. 딘 박사는 선임연구원입니다. 적어도 유러 박사님의 상사라구요. 오만한 태도는 그냥 묵과할 수가 없습니다. 그리고 응용기술연구부의 책임자인, 제가 평가할 사람을 결정합니다. 다시 말하지만, 딘 박사와 메리는 유러 박사의 연구 프로젝트를 평가할 수 있는 충분한 역량이 있습니다."

그녀는 베른이 무시하는 어조로 모욕하는 말까지 마구 해대는 것에 분개했다.

순간, 그가 일부러 그녀를 화나게 만들어서 그의 뜻대로 이야기를 끌어간다는 생각이 들었다. 그녀는 그의 권모술수에 말려들지 않도록 자신을 다독인 다음, 차분하게 말했다.

"역량이 된다면야, 얼마든지 연구성과를 평가할 수 있겠지만 그렇지 않다면 평가를 해야하는 사람도 난감하지 않겠어요. 딘 박사님이 일전에 제게 그런 말씀을 하셨죠. 제 연구 프로젝트에 있는 수학공식을 메리가 전혀 이해하지 못하는 것 같더라구요. 그런데 베른 부장님은 어떤 기준으로 평가할 사람을 결정하십니까."

딘이 베른의 눈치를 보며 아랫 입술을 깨물었다.

베른은 불편하게 앉아 의자를 움직이고 있는 딘을 힐난하듯 쳐다보았다.

"저는 유러 박사님의 실험 공식이 과연 확실한 것이었는가, 그것이 의심스럽군요. 남의 능력을 평가하기 이전에 자기자신부터 돌아보는 습관을 먼저 기르세요."

"그런데 어떻게 메리와 딘 박사님은 그 확실하지도 않은 수학 공식에 따라 모든 실험분석을 성공적으로 마쳤다는 평가서를 타나카 박사님께 제출했을까요."

그녀가 빨갛게 충혈된 딘의 눈을 쳐다보자, 그는 급하게 고개를 돌려버렸다.

베른은 자신에게 불리한 질문은 대답하지 않으며 딴청을 피웠다.

"딘 박사님은 제 연구성과에 대해서 어느 정도는 인정하고 있지 않나요. 이를테면 최근에 박사님의 '효소 연구 프로젝트'에 참여해서 몇 번인가, 어려운 문제를 제가 다 해결해드렸잖아요."

"그렇다고 그 프로젝트를 유러 박사님이 성공시킨 것은 아니잖아요. 그저 그때그때 발생할 수 있는 문제를 해결했을 뿐이지."

그녀는 야비하고 치졸한 딘의 모습에 새삼 놀라울 뿐이었다.

"제가 듣기에도 유러 박사님의 연구능력과 직업의식에 문제가 있는 것 같습니다."

러시는 계속 시계를 들여다보며 말했다.

"그런데 출퇴근 시간은 지키고 있는 겁니까. 출퇴근이야 회사 보안장치로 언제든 확인해볼 수 있긴 합니다만."

그녀는 이 사람들이 이젠 별 것도 아닌 것을 가지고 사람을 비참하게 만든다고 생각했다.

이런 한심한 질문에도 대답을 해야한다는 자신의 처지가 불쌍하기까지 했다.

"그러고 보니 출퇴근 시간도 잊고 살았군요. 대개 오전 7시쯤 연구실에 도착하면 야간 근무자를 확인하기 위해 돌아다니는 경비원을 만날 때까지 있으니까요. 게다가 연구 프로젝트 대로 실험결과가 나오지 않은 날엔 주말과 휴일에도 연구실에 나와 실험을 하곤 했습니다."

말을 해놓고 보니 그녀는 자신의 처지가 너무 딱하다는 생각이 들었다.

이 회사에 입사한 후 지금까지 친구와 가족을 잊고 연구에만 몰두했던 그 많은 시간들을 처음으로 후회했다. 이런 꼴을 당하려고 따뜻한 햇볕과 음악도 외면한 채 화학약품 냄새를 맡으며 현미경만 들여다보고 있었단 말인가.

"그런데 한번도 유러 박사님을 못 뵈었네요. 저 뿐만이 아니라 딘 박사와 메리도 못봤다고 하던데. 그리고 만약 유러 박사님 말씀대로 출퇴근을 했다면, 연구능력이 다른 연구원들에 비해 현저히 떨어지기 때문에 그런 것 아닙니까. 근무시간 내에 다 하지 못하고 매일 야근까지 하고 주말과 휴일에도 일해야할 정도라면 ……."

그녀는 어이가 없었다.

"지금 제 연구능력을 의심하시는 겁니까."

"그럼, 다른 연구원들은 연구를 게을리한다는 겁니까, 뭡니까. 원칙대로 근무한 연구원들도 프리젠테이션을 하고 특허를 출원합니다. 유러 박사는 자기합리화를 하기 위해서 애매한 다른 연구원들까지 무능한 사람으로 만드는군요. 개인의 이해득실에만 급급해서 주위의 다른 사람들은 어떻게 되든 나몰라라하는 그 오만하고 이기적인 연구태도부터 좀 고치십쇼."

베른은 노발대발 화를 내며 소리쳤다.

그녀는 '이 인간이 이제야 제 본색을 드러내는군. 더 밀어붙여서 베른이 왜 이런 짓거리를 하는 것인지, 말하도록 유도해야겠다.'는 생각을 했다.

"개인의 이해득실에만 급급했다구요. 제가 어떤 면에서 그랬습니까. 전 도대체 이해가 안되는군요."

그녀는 정말 베른이 무슨 의미로 그런 소릴 했는지, 이해할 수 없었다.

"유러 박사님이 입사한 그날부터 프로젝트와 아이디어 모두는 회사의 소유라는 겁니다."

"제가 사외에 빼돌리기라도 했단 겁니까. 만약 '지방질 분해효소 검출을 위한 마이크로 분석법'의 특허출원에 대한 애기라면 그건 분명히 말씀드리죠. 그 프로젝트는 제가 대학에 있을 당시에 준비하고 완성시킨 연구물입니다. 회사가 한번이라도 연구비를 지원했다면 그런 주장을 할 수 있을지 모르지만, 단지 제가 이 회사의 연구원이라는 이유만으로 회사가 소유권을 주장한다는 것은 말도 안됩니다. 회사는 절대로 '지빙질 분해효소 검출을 위한 마이크로 분석법'에 대한 라이선스를 소유할 수 없음을 분명히 밝힙니다."

그녀는 베른이 단순한 복수심으로 이런 짓거리를 꾸미고 있다는 것을 확신했다.

베른은 그녀의 말이 끝나기 무섭게, "그건 유러, 당신 혼자 생각이요. 회사는 그렇게 생각하지 않아요."라며 소리를 쳤고 그녀에게 손가락질하며 화를 냈다.

"이것 보십쇼. 그럼 그 프로젝트의 특허출원을 왜 베른 부장님께 맡겼던 겁니까. 그렇게 본인소유로 하고 싶었으면 본인이 직접 비용을 들여서 특허출원을 받으시죠. 유러 박사님은 솔직히 막대한 특허출원비용을 부담하기가 어려워서 회사 법제팀에 제출했던 게 아닙니까. 그러고도 회사는 절대로 라이선스를 가질 수 없다니, 참 뻔뻔하시군요"

러시도 자리에서 일어나 그녀를 손가락질하며 소리쳤다.

그녀는 기가 막혀서 아무 말도 할 수 없었다.

"여러 정황으로 볼 때, 유러 박사님은 가시적인 연구성과를 이루는 것 만큼이나 배울 게 많은 것 같습니다. 다행히 마음이 넓으신 베른 부장님과 딘 박사님은 유러 박사님의 연구태도는 물론이고, 인사평가 기준에 못미치는 여러 문제점들을 교정하고 바람직한 직업의식을 가질 수 있도록 적극적으로 후원하시겠다는 뜻을 밝히셨습니다. 그렇지만 무엇보다 가장 중요한 것은 유러 박사님에게 배우고자 하는 의지가 있어야 한다는 겁니다. 앞으로 베른 부장님과 딘 박사님, 그리고 제가 지켜보겠습니다."

베른은 다시 만면에 억지 웃음을 지으며 앉아 있다.

딘은 담배갑과 필기도구 등을 챙기며 일어날 채비를 하고 있다.

"자, 오늘 미팅은 이것으로 마치죠. 베른 박사님, 더 하실 말씀이 있으십니까. 전 먼저 실례하겠습니다. 선약이 있어서요. 그리고 이 공문은 테사 유러 박사님의 인사파일에 서류철 하겠습니다."

"러시씨, 인사파일에 철하신다구요. 그럼 제가 어느 부서로 가든, 선임자는 이 공문을 볼 수 있다는 겁니까."

분개하며 소리치는 그녀를 러시는 놀랍다는 듯이 쳐다보며 대답했다.

"당연하죠. 우리 회사는 개인 인사기록을 숨기지 않습니다. 회사규정상 유러 박사님이 어느 부서로 발령이 나든, 박사님의 직속 상관은 인사파일을 열람할 수 있고 평가할 수 있죠."

러시는 더이상 지체할 수 없다는 듯 목례를 하고는 사무실을 나갔다.

내내 구경만 하고 있던 딘이 입을 열었다.

"유러 박사님, 걱정되십니까. 다행이군요. 걱정하는 만큼 신경써서 행동하고 연구에 몰두하시면 앞으로 분명히 좋은 평가를 받을 수 있을 겁니다."

베른은 큰 소리로 웃으며 자리에서 일어나 그녀에게 악수를 청했다.

"자, 우리 모두가 도울테니까 뭐, 걱정은 마시고"

베른은 계속 웃고 있었지만, 손아귀에는 힘이 들어가 있다.

그녀는 악수를 하면서도 무언의 경고를 하는 것만 같아서 몸을 떨었다.

이튿날, 유러는 다시 지친 몸을 이끌고 출근했다.

그녀는 밤새 앞으로의 회사생활에 대해 생각하느라 한숨도 잠을 자지 못한 탓에 지칠대로 지쳐 있다. 그러나 밤새 녹음된 내용을 들으며, 당당하게 맞서서 자신을 변호했다는 사실이 뿌 듯했다. 어쨌든 어제의 그 공문을 인사파일에 넣는다는 말이 사 실이라면, 그녀의 앞날이 순탄하지만은 않을 터였다. 그런데 무 슨 수로 베른과 맞서겠는가.

그녀는 오전 내내 인사부로 전화를 했지만, 켄 헌트 인사부장 과는 통화할 수 없었다.

"헌트 부장님이 '인사관리 혁신 세미나' 관계로 한달 정도 자 리를 비우실 것 같습니다. 차장님도 갑자기 아프셔서 좀 힘드실 것 같구요. 그래서 제이 러시씨가 굉장히 바쁘거든요. 전화가 왔 었다는 메시지는 남길게요. 근데 통화는 어려울 것 같네요."

다정한 인사부 비서 캐시는 헌트 부장이 여러 모로 도움을 줄 텐데, 안타깝다는 얘길 전했다.

퇴근 무렵이 다 되어, 그녀는 다시 인사부로 전화했다.

비서는 러시가 너무 바쁜 관계로 주말 쯤에나 만날 수 있을 것이라는 얘길 전했다.

그녀는 아무래도 러시가 자신을 피하는 것만 같았다. 이젠 타 나카 박사님이 돌아오기만을 기다리는 수밖엔 없다며, 밤새 뒤 척이다 눈을 붙였다.

＊＊＊

타나카는 유러의 프리젠테이션이 있는 날, 출장에서 돌아왔다.

아침 일찍, 출근한 그는 그동안 무슨 일이 있었는지, 대강의 이야기를 허조그 박사에게 듣고는 황망해 했다.

그는 곧장 베른의 사무실로 갔다.

로욜라는 그를 반갑게 맞으며, 그간의 일을 설명했다.

"베른 부장님은 일찍부터 유러 박사님의 그런 점들을 걱정하고 계셨어요. 유러 박사님은 당연한 인사평가를 받으신거에요. 그리고 이번에 문제시됐던 유러 박사님의 연구성과와 태도가 확실하게 변화됐다는 평가가 나오기 전까지, 타나카 박사님이 작성한 인사평가서는 일체 참고하지 않을 거라고 어제 부장님이 말씀하셨습니다. 참, 그리고 부장님이 이 공문에 서명하시라고 주셨습니다."

타나카는 말없이 로욜라가 준 유러의 인사기록카드를 가져왔다. 그리고 그는 유러에게 사무실로 오라는 전화를 했다.

"타나카 박사님, 언제 오셨어요. 무슨 일이 있었는지 벌써 다 아셨군요."

"아까 로욜라양이 이 공문을 주더군요. 유러 박사님께 직접 듣고 싶어서 불렀어요."

그가 오기만을 학수고대했던 그녀는 차라리 녹음된 내용을 들는 것이 좋겠다며, 헤드폰과 카세트를 그의 손에 쥐어 주었다. 그러자, 그는 놀라워하며 작은 목소리로 "아주, 잘했어요."라는 말을 계속 연발하며 웃었다.

"유리 박사님이 녹음했다는 사실을 알면, 아마 그 인간들이 박사님을 해고하려고 할겁니다. 그러니까 절대 녹음했다는 말은 하지 마세요. 그렇지만 아주 잘했어요. 지금까지 한 일중에 제일 마음에 드는데요"

그는 큰 소리로 유쾌하게 웃으며, 다시 말을 이었다.

"근데 앞으로 어떻게 하실 작정이세요"

"베른의 공문에 대해서 이의를 제기해야죠. 이대로 가만히 당할 수는 없잖습니까. 부당한 인사문제를 그냥 묵과해선 안된다고 생각합니다."

그는 자신의 생각을 단호하고도 확실하게 얘기하는 그녀가 존경스러웠다.

잠시 생각에 잠겼다가 그는 미소를 지으며 얘기했다.

"인사부의 켄 헌트 부장님은 만나봤어요. 이번 일에 조언을 주실만한 분은 그분 밖에 없을 것 같은데."

"헌트 부장님이 한달 동안 출장을 가서서 못 뵈었어요"

그는 낙담하는 그녀를 격려하며, 같은 인사문제로 이의를 제기했다가 장기간이 소요되고 회사생활을 견디기 힘들어 퇴사한 경우가 왕왕 있어왔다고 말했다.

"제 기억이 정확하다면, 통보받은 날로부터 3일 이내에 이의를 제기하지 않으면 이의가 없는 것으로 간주한다는 내용이 회사규정에 있었던 것 같아요. 제가 유러 박사님을 도와드리겠습니다. 그렇지만 이번 일은 유러 박사님이 회사를 상대로 한다는 것, 그리고 치사하고 지리멸렬한 싸움으로 비화될 수도 있다는 것, 특히 성공 가능성이 희박하다는 것을 꼭 잊지마세요. 어떤 연구원도 유러 박사님 편이 돼주진 않을 거에요. 모두 베른 부장의 눈밖에 나길 원하지 않으니까요. 그렇지만 계속해서 연구활동을 하고 지금까지 쌓아온 명성을 잃지 않으려면, 반드시 싸워서 이겨야합니다."

말을 마친 그는 책꽂이에서 책을 한권 꺼내어 보여주었다. 펼쳐진 책장은 꼬질꼬질한 손때가 많이 묻어 있고 군데군데 밑줄이 쳐져 있다.

"제가 가장 존경하던 지도 교수님이 제게 주신 거에요. 가끔 좌절하고 절망하게 될 때마다 펼쳐서 봤는데 그때마다 많은 용기를 주었죠. 유러 박사님에게도 도움이 됐음 합니다.

> 시련은 언제나 나타나는 법.
> 시련을 이겨낼 때까지는
> 절대로 포기해서는 안되는 법.
> 힘으로 밀어붙여 안된다 싶으면
> 한발 뺄 수도 있겠지만
> 하지만 절대로 포기해서는 안되는 법.
> 최악의 상황이라 하더라도
> 스스로 최악이라고 생각해서

포기해서도 안되는 법.
단호하게 무엇이든 해낼 수 있다는
자신감만 있으면 햇빛이 찬연히 빛나는 가운데
휘몰아치는 인생이라는 대양을
멋지게 항해할 수 있으리.


타나카가 예견했던 대로 유러의 직장생활은 점점 힘들어지기만 했다. 특히 그녀를 힘들게 하는 것은 그녀조차 모르는 연구원들이 눈덩이처럼 불어난 억측과 괴소문 만을 믿고 그녀를 힐난하며 손가락질하는 것이었다. 연구원 뿐만이 아니었다.

매니저들 역시 복도든, 화장실이든 장소를 불문하고 어디서든 모여서 악의에 찬 괴소문을 만들어냈다.

돈나 트리비-누씽(제6장 참고) 역시 남의 얘기하기를 좋아하는 수다스런 주특기를 여지없이 살려내었다. 그녀는 남편인 단 누씽을 통해 경영진의 의견을 듣는 한편, 가십을 제조하길 좋아하는 동료들과의 많은 접촉을 통해 회사에서 일어나는 소문에 양념을 더하고 맛을 냈다.

인사부 비서인 캐시도 이번 일로 인해 많은 사람들이 전화를 하거나 직접 찾아오기도 해서 바쁜 나날을 보내고 있다.

그녀는 오지랖이 넓은 데다가 마음 속에 담아두지 못하는 성격이어서 점심을 사겠다는 사람만 나타나면, 자신이 알고있는 정보를 슬쩍슬쩍 흘리거나 약간 부풀려서 얘기했다.

유러는 트리비-누씽이 메리에게 하는 얘길 우연히 들으며, 캐시에 대해 다시 생각하게 되었다.

"인사부 캐시가 그러더라. 유러 박사가 이번 인사문제에 대한 반론문을 제출했는데, 그때 마침 러시가 자리를 비워서 새로 입사한 레오라는 직원한테 그 서류를 넘겼데. 근데 문제는 레오라는 사람이 회사규정이랄지, 연구진하고 매니저와의 관계랄지, 뭐 기초적인 것은 하나도 모르는 얼간이래. 우리 남편이 하는 얘기가, 뭘 모르는 그런 사람이 인사부에 있어서 자기도 깜짝 놀랐다나."

"내가 베른 부장이었으면 당장에 유러를 쫓아냈을 거에요. 정말이지, 저는 그 여자 밥맛이에요. 얼마나 잘난 체하는지 몰라요. 응용기술연구부에 박사는 자기 혼잔가. 정말이지, 더이상 그런 여자 밑에서 일 못하겠어요."

유러는 언제나 메리가 자신에게는 적대적인 감정을 감추지 않았다는 사실을 기억했다.

"내가 잘 알지. 진정해요, 메리. 근데 그 레오라는 풋내기가 글쎄, 유러가 제출한 반론문을 마음에 들어한다고 그러더라구. 그래서 회사규정집이며 양식작성법 인가, 까지 다 알려줬데. 일이 잘 됐으면 좋겠다면서 자기가 돕고 싶다고 그랬다나. 자기가 뭘 도와. 그 사람 진짜 뭘 모르나봐. 일이 어떻게 돌아가는 줄도 모르고 참나."

"세상에. 아니 이게 가당키나 한 일이에요. 어디 감히 베른 부장님한테 이의제기를 해요. 감히 자기가 뭐라고. 이번 기회에 회사에서 쫓아냈으면 좋겠어요. 근데 로욜라가 정말 복수를 할까요.”

트리비-누씽과 메리는 킬킬거리며 재미있어 했다.

사실 로욜라는 많은 매니저들이 유러의 이기적인 연구태도와 오만한 성격, 그리고 상명에 불복했다는 사실을 익히 알고 있기 때문에 그녀를 회사에서 내쫓는 데에도 그들이 모른 체하지 않을 것이라 믿고 있었다.

당시 회사 내에는 유러가 베른 부장의 부당한 인사처리문제에 대해 공식적으로 이의를 제기했다는 소문이 퍼져 있었다. 때문에 프로젝트 매니저를 비롯한 회사 내의 많은 매니저들은 유러를 경계했다.

그들은 유러와 대화를 하거나 인사를 하는 것조차 자신에게 불리할 것이라 여기고 가급적 그녀를 피했다. 그렇다고 베른 부장을 두둔하고 나서는 사람이 있는 것도 아니었다.

로욜라의 기대와는 달리, 대부분의 매니저들은 이번 일을 관망하고 있고, 과연 회사가 두 사람 중 누구의 손을 들어줄 지에 대해 얘기할 뿐이었다.

이와는 달리, 연구진은 그녀를 측은하게 여기고 동정하는 사람이 많았다. 그중에 일부는 여자의 몸으로 회사의 중추적인 수뇌인 베른과 싸워보았자, 퇴사밖에 더 하겠느냐며 이쯤에서 그만두라고 충고하기도 했다.

그러나 타나카는 언제나 그녀에게 큰 힘이 돼 주었다. 그녀가 두렵고 힘들다고 그를 찾아가면, 언제나 용기를 주었고 격려했다. 게다가 그는 연구에 전념해야할 시간에, 반론문을 작성하도록 배려해주기도 했다.

또 타나카 만큼은 아니지만 그녀에게 용기를 북돋워주는 연구원들은 더 있었는데, 대표적인 사람으로는 니젤 얀센 박사와 웨인 그레쉰 박사였다. 그들은 베른 만큼이나 오래 근무한 연구원들이었다.

"이렇게 된 데에는 우리들 책임도 큽니다. 그동안 베른에게 당하기만 했지, 유러 박사님처럼 당당하게 맞서 싸운 적이 한번도 없었으니까요. 유러 박사님, 정말 큰일을 하셨습니다. 우리도 열심히 돕겠어요. 힘내세요."

그레쉰과 얀센은 이후에도 복도나 연구실에서 우연히 마주칠 때조차 윙크를 하거나 등을 토닥이는 등 노골적으로 용기를 내라는 얘기를 해주었다.

몇 주가 지나고 유러는 지칠대로 지쳐 있다.

그녀는 그녀를 둘러싸고 있는 모든 것들이 하루빨리 끝났으면 하는 바람 밖에 없다.

로욜라는 하루가 멀다고 전화를 하고 연구실을 들락거리며 힘들게 했다. 특히 그녀의 근무일지와 근무현황을 네 시간 간격으로 보고한다며 대놓고 괴롭혔다.

트리비-누씽은 같은 연구원 임에도 이상한 얘기를 하고 다니는 모양인지, 동료 연구원들까지 힘들어 했다.

무엇보다 그녀는 시간이 지날수록 그나마 동정심을 가졌던 동료 연구원들까지 그녀를 슬금슬금 피하는 것만 같아 견딜 수 없었다.

"솔직히 우린 모두 유러 박사 편이에요. 진심으로 돕고 싶지만, 베른 부장의 눈에 띄는 날에는 내 목이 달아나게 생겼잖아요. 로욜라가 하는 말이, 베른 부장이 유러 박사하고 말하는 사람들의 이름을 적어오라고 했다는 거에요. 유치하고 치사하지만 어떻게요. 유러 박사도 이해하죠"

이런 얘기는 이제 그녀에게 어떤 상처도 되지 않았다. 그동안 많은 사람들이 그녀를 협박했고, 심지어 '더이상 험악한 분위기 만들지 말고 이 회사를 떠나.'라는 식의 쪽지까지 책상에 올려져 있을 정도였다. 때로 그녀는 테러를 당하게 될 지도 모른다는 생각마저 했다.

그녀가 반론문을 제출한지 2주가 지난 뒤에야, 레오는 베른이 후속 서류들을 보냈다는 얘기를 전했다. 그리고 바로 그날 발신인이 빅터 폴 베른으로 돼 있는 편지가 그녀에게 배달됐다. 편지에는 그녀가 반론한 내용을 조목조목 반박하는 내용이 정리돼 있다. 그녀는 베른의 편지를 다 읽은 다음, 편지에 대한 반론문을 또 작성하기로 마음먹었다.

그즈음 그녀는 익명의 협박 편지와 장난 전화, 그리고 악의적인 이메일 등으로 끔찍한 하루하루를 보냈다.

마침내 인사부 켄 헌트 부장이 한달 동안의 해외출장
을 마치고 회사로 돌아왔다.

그에게는 '인사관리 혁신 세미나'와 관련 협의체를 구성하는
일로 바쁜 한 달이었다. 언제나 그랬듯, 회사에 도착한 그의 얼
굴에는 이번 출장에서 얻은 내용을 회사의 인사관리에 적극적으
로 도입해야겠다는 열의로 가득 차 있다.

그는 그동안 회사의 공기와 분위기가 전혀 다른 모습으로 바
뀌어 있음을 느끼며 인사부를 비롯 관리부와 연구실 등을 돌아
보았다. 그는 여기저기 사무실을 기웃거리면서도 관리직과 연구
직의 의사소통을 원활히 할 수 있는 프로그램을 구상하고 있다.

그가 모든 정황과 문제를 제대로 인식한 것은, 인사부 비서인
캐시가 출근하면서부터 였다. 그러나 그는 침착하게 레오를 호
출했고 레오한테 베른과 유러의 인사파일과 인사기록카드, 반론
문, 그리고 그간 진행된 상황 등을 들었다.

그는 레오가 믿음직한 행동과 빠른 판단을 한 것에 대해 칭찬
과 격려를 아끼지 않았다. 그리고 그는 러시를 즉각 호출했다.

"제이 러시씨, 당신이 무엇을 질못 했는지 알고 있습니까. 도
대체 당신이 무엇을 간과했는지 알고 있느냐 이겁니다."

헌트는 그야말로 노발대발 화가 머리끝까지 났다.

러시는 그런 헌트의 모습이 낯설게만 느껴져 아무 말도 하지

못하고 있다.

"우리 인사부는 호혜평등의 원칙에 입각해서 연구직과 관리
직 사원이 서로 의사소통을 원활히 하고 보다 좋은 관계로, 파트
너로 함께 발전할 수 있도록 적극적으로 지원해야할 의무가 있
습니다. 특히 이번처럼 부서간이나 상하 직원간에 문제가 생겼
을때, 우리 인사부가 나서서 사태를 수습해야 합니다. 러시씨,
당신이 간과한 것이 바로 이겁니다. 제3자로서 객관성을 유지하
지 못한 점, 사태를 직시하고 빠른 판단을 내리지 못한 점, 그리
고 베른 박사의 손을 들어준 점. 만약에 유러 박사가 우리 회사
에서 부당한 대우를 받았던 것에 대해 소송이라도 제기하면, 어
떻게 될 것 같습니까."

러시는 헌트의 말에 벌개진 얼굴로 어깨를 으쓱해 보인 다음,
"당연히 베른 박사님이 이기겠죠."라고 대답하고 계속 말을 이
었다.

"최고경영진도 섣불리 건드리지 못하는 그야말로 영향력있는
베른 박사를 어떤 연구원도 이겨본 적이 없잖습니까. 물론 지금
까지 싸웠다는 사례도 없고 소송을 걸었던 적도 없지만. 대개 이
런 일이 생기면 퇴사했잖아요. 유러 박사가 이런 반론문을 제출
할 줄 알았습니까."

러시는 그 상황에선 자신도 어쩔 수 없었다는 얘길 하고 있다.

헌트는 답답한 자신의 심정을 토로하는 러시를 딱하게 여기
며 말했다.

"우리 연구진을 그렇게 과소평가하지 마세요. 모두 탁월한 연

구능력과 학력이 있었기 때문에 채용된 사람들입니다. 그리고 회사가 언제나 베른 부장과 같은 간부의 손을 들어주리란 생각도 버리세요. 고용주를 제외하곤 모두 회사에 소속된 직원일 뿐입니다. 회사규정에 따라 공평하고 합리적으로 보상받도록 하기 위해서 인사평가기준도 있는 겁니다. 어쨌든, 이번 일을 계기로 인사평가 정책을 대대적으로 쇄신해야겠습니다. 그리고 유러 박사의 여러 자료들을 살펴보고 법제팀장과 상의한 결과, 유러 박사가 소송을 제기한다면 그녀가 이길 확률이 상대적으로 높다고 하더군요"

헌트는 러시가 어쩔 줄 몰라하는 짓을 보고, 베른이 보낸 후속 서류들을 가리키며 물었다.

"분명히 유러 박사가 제출한 반론문을 베른 부장에게도 보냈습니까."

"예, 제가 직접 보냈고 그 외에 인사파일에 있는 다른 서류들도 보셨을 겁니다. 인사기록카드를 열람할 수 있는 권한이 있으니까요"

앞으로 이 일을 어떻게 처리하면 좋을까, 를 생각하며 헌트는 다시 러시에게 말했다.

"이제부터 이 문제는 제가 처리하겠습니다. 그리고 앞으로는 직속 상관이 아니면 어느 누구도 인사기록카드와 파일을 열람할 수 없다는 것도 베른 부장에게 분명히 밝히세요. 아시겠습니까. 그리고 유러 박사의 급여기록과 이력서를 좀 봐야겠습니다. 또 유러 박사와 이력서가 비슷한 수준의 동료 연구원들의 급여명세와 연구성과 기록철도 살펴봐야 하니까, 관련 서류들 좀 찾아서 갖다주세요."

러시는 고개를 끄덕이며 헌트가 부르는 서류이름을 열심히 받아 적었다.

헌트는 테이블 옆에 있던 서류철 보관함에서 폴더를 하나 들더니 러시에게 내밀었다.

"자, 이 내용을 복사해서 열심히 읽도록 하세요. 조만간 우리 회사규정집에 나와있는 인사평가기준에 대해 세미나를 가질 것이니까요."

\* \* \*

유러는 드디어 켄 헌트와 면담을 가지게 되었다.

헌트의 사무실에서 두 사람은 그간 있었던 일에 대해 서로 의견을 모았고 끝내 연구개발 담당 팍스 기술이사와 공식적인 면담을 가져야겠다고 결정했다.

헌트는 그녀를 배웅하며, "걱정하지 마십쇼. 모든 일이 공평하게 해결되도록 최선을 다하겠습니다."라고 말했다.

캐시는 두 사람이 다정하게 얘기하는 것을 들었다. 특히 헌트가 유러에게 한 마지막 말은 그녀에게 충격이었다. 이 얘기는 메리와 트리비-누씽을 거쳐 로욜라의 귀에까지 흘러 들어갔다.

로욜라는 '팍스 기술이사가 끝내 유러 박사의 모든 요구조건을 수락하게 될 것이라는 소문이 퍼졌다.'는 말을 트리비-누씽에게 듣고는 겁에 질렸다.

그리고 며칠 뒤, 베른은 윌리 스틴 사장과 유러 박사에 대해 얘길 나눴다.

"제가 어떻게 도와드릴까요."

사장은 맞은 편의 가죽의자를 권하며 물었다.

"어떻게 해야 좋을지, 저도 모르겠습니다. 유러 박사는 대단히 오만합니다. 전 회사에 입사한 이상, 모든 정보는 공유돼야한다고 생각합니다만 유러 박사는 이기적인 연구태도를 아직도버리지 못한 채, 사리사욕에 눈이 어두워서 반론만 제기하니 이를 어떻게 수습해야 좋을지 저도 모르겠습니다."

그 부분에 대해서는 사장도 소문을 들어 알고 있었다.

처음 그 소문을 들었을때, 사장은 경영진에 도전한 유러 박사가 괘씸하다는 생각을 했다. 그러나 베른 역시 마음에 들었던 것은 아니었다. 특히 베른이 매년 가장 많은 성과 보고서를 제출하는 것도 의심스러웠다.

그는 지난 20년 동안, 연구개발부의 많은 연구원들 기운데 가장 많은 연구성과를 이룬 선임연구원이다. 그것도 매년 수많은연구 프로젝트를 성공시키고 회사가 보유한 발명품을 가장 많이개발한 사람도 빅터 폴 베른이었다. 물론 회사가 보유한 특허출원증에도 빅터 폴 베른이라는 이름이 가장 많이 기재돼 있다.

"그 얘기라면 대강 들었습니다만, 그런데 유러 박산가 하는 여성이 도대체 뭐라고 이의제기를 했습니까."

"말도 안되게 지껄여 놨더군요. 더구나 제가 유러 박사에게 회사에 입사한 이상, 회사가 요구하는 행동과 원칙을 준수하길 바란다고 정중하게 얘기했음에도 그녀는 인사부의 헌트 부장에게 접근해서 영향력을 행사하고 있는 것 같습니다. 더욱 기가 막힌 것은 그 헌트 부장이 그녀가 제기한 반론들을 긍정적으로 평가하고 있다는 겁니다."

사장은 베른이 뭔가 숨기고 있다는 느낌을 받았다.

특히 그가 유러 박사에 대해 얘기할 때는 맹목적으로 나쁘게만 헐뜯어 마치 '마녀사냥'이라도 나선 사냥꾼같은 인상을 풍겼다.

"구체적으로 어떤 이의를 제기한 것인지 알아야 베른 박사의 입장을 이해할 수 있을 것 같은데요."

"터무니없는 얘기라서 재고할 가치도 없습니다. 유러 박사가 입사 전에 완성했다고 주장하는 연구 프로젝트가 있는데, 입사 당시 그녀는 그 프로젝트의 특허출원을 우리 법제팀에 신청했답니다. 그런데 라이선스가 무조건 자기 것이라고 우기는 겁니다. 게다가 그녀가 완성했다는 프로젝트가 현재 저희 응용기술연구부에서 진행하고 있는 프로젝트와 유사하기 때문에, 우리 회사의 아이디어를 도용해서 특허출원을 받으려 했다는 의심을 받고 있습니다. 게다가 그녀의 이기적이고 오만한 태도 때문에 팀웍이 깨지고 무엇보다 다른 연구원들이 아주 불편해하고 힘들어합니다. 수장으로써 더이상 묵과할 수 없었기에, 제가 이런 내용으로 유러 박사의 상사와 인사부 직원이 동석한 가운데, 인사평가 미팅을 주최했죠. 그 미팅을 통해서 대부분의 진상을 확인할 수 있었기 때문에 이번 승진에 누락시켰더니, 이의를 제기한다면서 반론문을 제출하지 뭡니까. 아주 당돌한 여잡니다."

베른이 뜸을 들이며 장황하게 설명한 탓에 사장은 더욱 그를 의심했다.

그의 설명대로 라면 회사측은 유러 박사라는 여성을 퇴사 조치해야 한다.

베른은 한탄 조로 읊어대고는 사장의 검게 그을린 얼굴을 살폈다.

"그래서 유러 박사의 승진문제를 철회한 겁니까."

"바로 그녀의 독선적이고 팀웍정신에 위배되는 연구태도 때문입니다. 벌써 우리 응용기술연구부 연구실 분위기가 엉망입니다. 이미 연구원들과 경영진간의 유대관계에도 부정적인 영향을 끼쳤구요. 어쨌든 지금이라도 빨리 사태를 수습해야 합니다. 사장님."

사장은 인상을 찌푸렸다.

베른이 일방적으로 유러를 신랄하게 비난하는 태도며 격앙된 어조에 지나치게 사사로운 감정이 개입돼 있다는 생각이 들었다.

어쨌든 사장은 모든 섯이 석연치않게 여겨졌지만 그의 말대로 빨리 사태를 수습해야 한다는 데에는 크게 공감했다.

"이 얘기를 설명하려고 저를 보자고 하신 건가요. 오늘 제게 뭔가 하고 싶은 얘기가 따로 있었던 것 같은데, 무슨 얘긴지 말씀하시죠."

베른은 사장의 표정을 보고는 침을 삼켰다. 이젠 동정심에 호소할 때가 아니라 보다 객관적인 사실을 부각시켜야 했기 때문이다.

"곽스 기술이사님이 주재하는 테사 유러의 청문회가 곧 열릴 것이라고 들었습니다. 그 청문회에서 헌트 인사부장을 배제시켜 주시길 바랍니다. 헌트 부장이 유러 박사의 입장을 대변하는 식으로 치러진다는 소문까지 사내에 파다합니다. 그러나 배심원들을 배석시킨 가운데 찬반을 가리는 것이 아닌 이상, 보다 공정하고 바람직하게 사태를 수습하기 위해서는 헌트 부장보다는 제이 러시씨가 참석하는 게 합당하다고 생각합니다. 왜냐하면 애초에 제이 러시씨가 유러 박사의 인사문제에 대해 가장 객관적인 평가를 내렸었고 무엇보다 이번 일을 처음부터 모두 알고 있는 사람 중에 하나니까요. 전 제이 러시씨를 적극 추천합니다."

사장은 이제 더이상 할 얘기가 없다는 식으로 자리에서 일어났다.

이미 시간은 정오를 훌쩍 넘어 있었다.

"시간을 너무 지체했군. 어쨌든 이 문제에 대해서 자세히 알아보리다. 그렇지만 베른 박사는 이 문제에 대해 절대 간섭하지 마십쇼. 그리고 유러 박사와 마찬가지로 베른 박사도 회사의 결정을 기다리십쇼. 확실히 알아들으셨소."

사장실을 나온 베른은 뭔가 잘못됐다는 생각을 버릴 수 없었다.

사장은 이번 기회에 베른을 확실하게 자기 사람으로 만들어야겠다는 생각을 했다. 그가 사무실을 나간 뒤, 사장은 비서를 통해 당장 팍스 기술이사에게 전화하라고 지시했다.


＊＊＊


유러의 청문회가 열리는 날이다.

유러는 헌트 인사부장과 함께 10층에 자리한 사장실 옆, 회의실로 들어갔다.

지금까지 한번도 10층에는 올라온 적이 없던 유러는 고급스런 카펫이 깔린 복도를 걸으며, 호화판으로 꾸며놨다는 생각을 했다.

이런 곳에서 생활하는 사장이란 사람이 연구개발부 3년차 연구원의 애로사항을 얼마나 이해할 수 있을까, 하는 생각이 들자 서글퍼졌다.

그녀는 입사한 이후 지금까지 한 번도 사장의 얼굴을 본 적이 없었다. 더구나 사장은 연구개발부 연구실들을 한 번도 둘러본 적이 없다는데, 과연 얼마나 연구원들의 처지를 이해할 수 있겠는가.

그때 모래시계처럼 아름다운 몸매에 긴 머리카락의 비서가 인사했다. 그녀는 유러와 헌트를 회의실로 안내했다.

회의실의 육중한 오크문이 열리자, 사장과 법제팀 휴고 로슨

팀장이 일어나 악수를 청했다.

커다란 회의 탁자 위에는 새우 샌드위치와 카나페, 신선한 과일들과 갖가지 티백, 향기로운 커피가 준비돼 있다.

예정시간보다 10여 분 일찍 들어왔지만, 사장은 빨리 시작하자고 재촉했다.

유러와 헌트가 자리에 앉자마자 잿빛 머리칼의 키가 큰 남성이 물었다.

"반론문은 잘 읽어봤습니다. 정말 제대로 작성하셨더군요. 혹시 법률 쪽에 누구 아는 사람이 있으십니까. 어떤 조언이나 부탁을 따로 하셨나요."

"아닙니다. 모두 제가 작성한 것입니다만."

유러는 로슨 팀장이 뭔가 속셈이 있는 사람처럼 보였다.

그녀는 단지 토머스 페인[3]의 '인간의 권리'를 완독하고, '직

---

3) 페인(Paine, Thomas). 〔1737.1.29~1809.6.8〕 미국의 작가, 국제적 혁명이론가. 영국 잉글랜드 노퍽 출생. 미국 독립전쟁과 프랑스 혁명때 활약하였다. 영국 퀘이커교도인 코르셋 제조업자 가정에서 태어나 13세까지는 학교에 다녔으나 가난 때문에 여러 직업을 전전하면서 정치와 사회제도의 모순을 체득하였다. 런던에서 만난 B.프랭클린의 소개로 1774년 10월 미국 필라델피아로 이주, 1776년 1월 〈상식(Common Sense)〉을 통해 독립이 가져오는 이익에 대해 서술하여 큰 영향을 끼쳤다. 독립전쟁이 시작되자 N.그린의 부관으로 종군하는 한편 〈위기(The Crisis)〉(1776~1783)를 간행, "싸움이 격렬할수록 승리는 빛난다."라고 하여 민중의 사기를 고무시켰다. 1787년 프랑스로 건너가 혁명을 목격하였고, 1791년 〈인간의 권리(Rights of Men)〉 제1부를 쓰고 이듬해 런던에서 제2부를 썼으나, '반란 선동'이라는 죄명을 쓰게돼 프랑스로 피신하여 의원에 선출되었다. 이신론적(理神論的) 입장에서 쓴 〈이성의 시대(The Age of Reason)〉 제1부(1794)·제2부(1796)가 무신론(無神論)이라는 오해를 받게 되어 1802년 다시 미국으로 건너갔으나, 그곳에서도 지난날의 독립전쟁의 영웅으로서가 아닌 '추악한 무신론자'로 비난을 받았다. 그는 빈곤과 고독 속에서 파란만장한 생애를 살았다.

업윤리'와 '근로계약'을 주로 다룬 서적들을 참고해서 작성한 것일뿐, 어느 누구의 도움도 받지 않았다. 그러나 그런 사실조차 그들이 알게 되면, 좋을 리 없다는 생각이 들었다.

사장은 유러와 헌트에게 음식을 권했다.

그녀가 티백에 뜨거운 물을 붓고 있을 때, 사장이 말을 걸었다.

"뉴질랜드가 고향이라구요. 전 개인적으로 뉴질랜드를 참 좋아합니다. 요트는 더 좋아하구요. 혹시 유러 박사님은 요트탈 줄 아십니까."

"그럼요. 전 오클랜드 출신인데다가 요트를 즐기는 편이어서 고향에 가면 항상 요트와 살다시피 합니다. 특히 학교에 있을 때는 저의 요트 파트너가 뉴먼 교수님이라고 저의 은사님이셔서 너무 즐겁게 생활했던 기억이 있습니다."

"혹시 존 뉴먼 교수를 얘기하는건 아니죠."

사장은 흥분을 감추지 못한 채 소리치자, 유러는 존 뉴먼 교수가 맞다고 대답했다.

"존 뉴먼 교수와는 아주 절친한 사입니다. 작년에는 한 팀으로 요트경주대회에 출전했었으니까요. 우린 몇 넌전에 오클랜드 항에서 열렸던 '외국인 요트경기'에서 처음 만났죠. 아니, 세상에. 뉴먼 교수의 제사가 우리 회사에 있었다니. 어쨌든 너무 반갑소."

사장은 다시 유러와 악수를 했다.

그리고 그와 동시에 유러에 대한 모든 생각은 송두리째 바뀌었다. 요트를 타는 사람은 모두 자신감이 넘치고 인간관계가 좋은 사람들이라는 그의 생각에는 여전히 변함이 없었다.

유러 박사 역시 그런 사람이 틀림없었다. 그러기에 베른같은 능구렁이와 대적할 생각을 했던 것이다.

지금 그에게는 유러 박사가 요트를 즐기는 사람이라는 사실이 무엇보다 가장 중요했다.

"자자, 오늘 얘기가 아주 순조롭게 될 것 같은 생각이 드는군요. 앞으로는 그냥 테사라고 불러도 되겠소. 사실 요트를 즐기는 사람들끼리는 금세 막역한 사이가 되잖소. 우리 거추장스런 직함따위는 버리고 편하게 얘기합시다. 자, 윌리라고 부르시오. 다들 휴고, 켄이라고 부릅시다. 괜찮겠죠"

회의 탁자를 사이에 두고 그들은 모두 사장의 얘기에 동의했다.

그때 팍스 기술이사가 반론문과 관련 서류들을 손에 든 채 헐레벌떡 뛰어 들어왔다.

"죄송합니다. 급한 전화 때문에 좀 늦었습니다."

기술이사의 말이 끝남과 동시에, 앉아 있던 모든 사람들의 시선이 모두 팍스의 신체 일부로 쏠렸다.

그는 순간 새빨갛게 달아오른 얼굴로 바지 지퍼를 올렸다. 가까스로 지퍼를 올리고 빈 의자를 찾아 앉으려던 그는 이번엔 지퍼에 넥타이가 끼어버린 것을 알고 어쩔 줄을 몰랐다.

"팍스 기술이사님, 계속 그러면 테사 씨가 보기흉한 노출을 고발할 지도 모릅니다."

사장은 더이상 지체할 수 없다는 생각에 말을 했지만, 유러는 대뜸, "저는 단지 의도적으로 괴롭히고 차별하는 것에 대해 이의를 제기한 것뿐입니다." 라고 말했다.

그녀의 그 한 마디로 인해, 회의실에 모인 사람들은 다시 심각한 표정으로 인사파일과 반론문을 펼쳤다.

참석자들은 그녀에게 지금까지 부당하게 받은 대우와 이의를 제기한 동기, 그리고 앞으로의 바람 등에 대해 질문했다.

그녀는 차분하고 침착하게 자신의 입장을 변호했고 이러한 면은 참석자들로부터 좋은 평가를 받았다.

"사실 여기 모인 평가단은 유러 박사님의 연구와 관련된 기술적 능력에 대해서는 어떤 판단도 할 수 없습니다."

팍스가 말했다.

그는 참석자들 모두 경영진에 해당하는 인사이므로 이번 청문회에서 가장 비중있게 다뤄져야할 연구기술 능력과 연구성과, 연구태도 등은 평가가 불가하다는 입장을 피력했다. 때문에 연구와 관련된 평가 내용은 물론 발명과 특허부분까지도 모두 다른 연구진에 의해 평가될 것이라고 했다. 특히 그는 다른 연구진에 대해 베른 부장이 제안한 딘 박사와 메리 씨가 선정될 확률이 높다는 얘기를 덧붙였다.

"베른 부장이 벌써 딘 박사와 메리 씨에게 연구평가를 부탁했다고 들었습니다만, 아무래도 베른 부장의 제안은 철회하는 것이 바람직하다고 봅니다. 지금 당장 적절한 평가연구원과 사외컨설턴트를 물색하는 편이 마땅하다고 생각하구요. 평가원이 확보되면 조만간 유러 박사님의 연구성과를 평가한 보고서를 볼 수 있을 겁니다. 연구와 관련된 평가는 그 보고서로 충분히 대신할 수 있으리란 생각입니다."

유러는 로슨의 얘기에 이의는 없었으나 자신의 연구능력이 이런 식으로 평가받는다는 자체가 싫었다. 어쨌든 이미 그녀의 연구적 자존심은 추락한지 오래였다.

"그런데 타나카 박사님이 유러 박사의 직속 상관인데도 인사파일에는 타나카 박사님이 평가한 내용은 전혀 없더군요. 이건 어떻게 된 겁니까."

"베른 부장의 비서인 로욜라양에 따르면, 베른 부장이 유러 박사의 문제점이 시정되기 전까지는 타나카 박사님의 인사평가 기록은 참고하지 않을 것이라고 얘길 한데다가, 또 타나카 박사님의 인사평가기록은 베른 부장의 승인서명이 있어야 하기 때문에 유러 박사의 인사파일에 넣지 않았던 것 같습니다."

로슨의 질문에 헌트는 친절하게 설명했다.

이에 폴더 안을 열심히 살피던 로슨은 고개를 끄덕였고 사장은 낯빛이 변해 있었다.

그로부터 한 달이 지났다.

유러는 청문회가 있던 날부터 내내 연구실에 갇혀 연구에만 몰두하며 시간을 보냈다.

그러나 최근에 팍스가 베른의 '유러 박사의 연구기술 능력평가 제안'을 대부분 수락했다는 소식을 들은 그녀는 분개할 수밖에 없었다. 더구나 이젠 그녀의 공식들과 연구자료와 프로젝트 등이 응용기술연구부의 기준에 모두 부합되는가, 를 검증할 목적으로 메리와 딘의 평가서와 서로 비교될 것이었다.

이와는 달리, 연구개발부의 많은 선임연구원들은 그녀에게 인간적인 지원을 아끼지 않았다.

타나카는 그녀를 위해 대신 실험을 하고 연구 프로젝트 보고서를 작성해주었고, 호크와 그레쉰, 얀센 박사 등은 그녀의 연구기술 능력평가가 어떻게 진행되고 있는지 알려주며 용기를 북돋위주었다. 그나마 그녀를 위로하는 많은 동료들이 있기에 회사 생활을 지속할 수 있었지만, 초조함과 불안감은 여전했다.

그때 그녀의 전화가 요란하게 울려댔다.

"유러 박사님, 헌트 인사부장님이 지금 곧바로 사장실로 오라는데요."

로욜라의 목소리였다.

로욜라의 악의적인 말과 행동은 여전했다.

얼마 전에는 유러의 이름이 적힌 흰 봉투에 '해고통지서'를 타이핑하고 있던 모습을 본 적 있다. 당시 로율라는 "베른 부장님, 새로운 서식을 작성해보고 있는데, 한번 검토해주실래요"라며, 그녀에게도 잘 보이도록 '해고통지서'를 들고 있던 모습이 아직도 선명하게 떠올랐다.

유러는 옷매무새를 고치고 허리를 꼿꼿이 세운 채 10층으로 올라갔다. 엘리베이터가 '10'에서 멈추고 문이 열렸을때, 그녀는 갑자기 웃음을 터뜨렸다.

그때 문득 아리스토파네스의 〈새〉[4] 라는 연극이 떠올랐던 것이다.

이 회사의 최고경영진을 위한 10층은 인간과 신을 완벽하게 구분한다는 면에서 연구개발부의 많은 연구실과 확연히 대조를 이루고 있었다.

모래시계 비서는 어김없이 환한 미소로 안내했다.

사장은 악수를 청하고는 그녀에게 커피 테이블 주변의 의자를 가리켰다.

"유러 박사님. 이제 폭풍이 잔잔해졌다는 소식을 전하게 되어 기쁘군요."

...................
4) 아리스토파네스(Aristophanes). 〔BC 445?~BC 385?〕 고대 그리스의 최대 희극 시인. 아테네 출생. 페리클레스(BC 495?~BC 429) 치하 최성기에 태어났다. 당시 시사문제를 주로 풍자했던 작가로 유명하며, 총 44편의 작품을 쓴 것으로 알려져 있으나 완전한 형태로 전해지는 것은 그중 11편이다. 〈아카르나이의 사람들(Acharneis)〉, 〈기사(Hippheis)〉, 〈구름(Nephelai)〉, 〈새(Ornithes)〉, 〈여자의 축제(Thesmophoriazousai)〉, 〈개구리(Batrachoi)〉 등의 작품이 있다. 특히 〈새〉는 새의 세계에서 바라본 인간의 세계를 풍자한 작품이다.

사장은 그녀의 맞은편 의자에 기대며 말했다.

그녀는 가슴이 두근거리기 시작했다. 사장의 강렬한 파란 눈을 쳐다보며, 구체적인 답변을 기다렸다.

"지금까지 진행돼온 유러 박사님의 연구성과가 선임연구원 평가기준에 당당히 합격됐다는 소식입니다. 이제 인사문제는 해결된 셈이군요. 그런데 회사가 유러 박사님을 차별했다는 증거는 어디에서도 찾을 수 없었습니다."

"그럼 학력과 경력이 저와 같은 수준의 사람과 똑같이 월급을 받게되는 건가요."

그녀는 헌트를 쳐다보며 답변을 기다렸지만, 사장이 대신 답변했다.

"물론 비슷한 수준으로 지급될 것이라고 생각되긴 합니다만, 경력과 학력만 갖고 보수를 책정하는 것이 아니기 때문에 확답 드리기가 쉽지 않군요. 하지만 확실한 것은 직속 상관이 평가한 인사기록카드를 기초로 경영진이 판단해서 책정한다는 것입니다."

그녀는 인상을 찌푸리며 말했다.

"그렇다면 제가 정당하고 공평하게 받고 있는 지를 어떻게 알 수 있습니까. 확인할 방법이 있나요."

"누구는 경영진이 현명하게 판단할 것이라고 믿어야죠. 신뢰가 바탕이 돼야 하는 게 아니겠습니까. 무슨 일이든지."

사장은 그녀의 표정을 찬찬히 살핀 다음, 말을 이었다.

"때로는 기술조수의 교육정도와 연구경력이, 일반연구원보다 못하다고 하더라도 더 빨리 승진할 수도 있고, 그럼 더 많은 급여를 받게 되겠죠."

그녀는 사장의 얘기를 듣고 의아했다.

"그래도 실력이 월등히 뛰어난 일반연구원이라면 회사에 더 많은 기여를 할 것이고, 그럼 그에 따른 보상을 받는 게 당연한 이치가 아닙니까."

"저희 인사부에서는 가급적 그렇게 하려고 노력하고 있습니다."

그녀의 얘기에 헌트가 대답하자, 사장은 고개를 흔들며 말했다.

"인사부와 연구부는 경영진의 결정에 대해 사실 반론을 제기해서는 안됩니다."

그녀는 사장의 말을 듣고 가만히 있을 수 없었다.

"우선 선입견이 완전히 배제된 상태에서, 해당 개인의 신상기록과 인사평가기록 등의 기초자료를 토대로 한 객관적 평가가 선행된 다음에 이뤄지는 경영진의 결정에 대해 반론을 제기해선 안된다고 생각합니다."

"원칙대로 라면, 지금 말씀하신 그대로 해야합니다만, 우린 모두 완벽하지 못한 인간들이 아닙니까. 베른 부장도 지금 적잖이 잘못을 인정하고 반성하고 있을 겁니다."

"그럼 베른 부장에게 지금까지 제게 옳지 못한 행동을 했던 것에 대해 서면으로라도 사과를 받을 수 있다는 말씀입니까."

차분하게 묻는 유러와는 달리, 사장은 흥분한 눈치였다.

잠시 침묵이 흐른 뒤에야 사장이 얘기했다.

"유러 박사님의 거침없는 질문은 아주 짠 바닷바람 같군요. 매우 인상적입니다. 하지만 서면으로 사과받기는 어려울 것 같습니다. 우리 회사 매니저들은 대부분 나와 비슷한 경영스타일을 추구하기 때문에, 아마 베른 부장도 부하 직원에게 그것도 서면으로 사과를 할 것 같진 않은데요"

사장은 계속 말을 이었다.

"그리고 유러 박사님은 앞으로 동료들과 프로젝트 매니저들과도 서로 좋은 관계를 유지하기 위한 최선의 노력을 다해야합니다. 사실 그 사람이 어떠한 사람인지는 평가하기 힘들지 않습니까. 회사는 회사의 경영방침과 규정대로 평가하기를 좋아한다는 점, 기억하십쇼. 일단 그 회사에 소속된 사람이라면 기본적인 것은 지켜야하지 않겠습니까."

그녀는 뜻을 굽히지 않고 끝까지 자신의 뜻을 관철시켜야 한다고 생각했다.

"솔직히 연구원들의 경우에는 학력이나 연구성과, 경력 등의 이력서를 기초로 채용해왔잖아요. 바로 이러한 개인자료들을 토대로 해당 연구원에게 적합한 프로젝트가 주어지게 될테고, 그럼 그 프로젝트를 성공시켰을 때는 당연히 그에 합당한 보상과 보수책정이 이뤄져야 하구요. 연구원들의 업무적 특수성을 고려해서 매니저와는 다른 인사평가기준이 필요하다고 생각합니다. 아무래도 연구원에겐 인간관계보다는 연구성과가 더 중요할테니까요."

그러자 사장은 몸을 앞으로 기울이더니 그녀를 뚫어지게 쳐다보고 말했다.

"제가 이 회사를 갓 입사했을 때에 어떤 청년이 박사논문을 가지고 대단히 자신을 자랑스러워 했었는데, 그때 팍스 기술이사가 이렇게 얘기하며 따끔하게 충고하더군요. 아직도 제 머릿속에 생생히 남아 있답니다."

그 멋진 박사학위와 능력 같은 것은
제발 잊게나.
그런 것들이 결국
자네 발목을 붙들걸세.
회사에서 승진하려면
모든 것을 다 알고 있는 것처럼 굴지 말게.
자네보다 더 많은 경력과 지식을 갖춘 사람이
더 많다는 사실을 항상 잊지 말게나.
자네보다 훌륭한 사람들도
회사가 정한 지침에 따라 열심히 일한다네.
그리고 가장 중요한 것은 바로
'내가 다른 사람에게 어떻게 보이느냐.' 하는 것일세.

사장과 헌트는 킬킬거리며 서로의 얼굴을 쳐다보았다.
그녀는 씁쓸한 생각이 들었지만, 그저 정중하게 미소만 지었다.
"유러 박사님. 제가 말했듯이 다른 사람에게 어떻게 보여지느

냐, 이것이 제일 중요합니다. 애초에 유러 박사님에 대해 좋은 평판이 있었다면 이런 일까지 생겼겠습니까. 사실 능력이나 성과같은 것보다는 그 사람의 단점이나 안좋은 버릇같은 게 먼저 눈에 띄게 마련이죠. 앞으론 무엇이든 조심하시는 게 좋겠습니다."

"그렇지만, 사람들과 어울리느라 일은 뒷전인 사람보다는 실질적인 연구성과를 이뤄내는 사람이 더 좋은 평가를 받아야 하는 게 아닌가요"

사장은 집요하게 물고 늘어지는 그녀의 성격이 마음에 들지 않았지만, 그녀의 물음에 대답했다.

"당연하죠. 제 얘기가 그렇게 들렸습니까. 연구성과도 물론 중요하죠. 그러나 그것보다는 처음부터 팀웍이나 회사 규정에 기꺼이 순응할 것이라는 인상을 풍기는 게 더 중요하다는 겁니다. 아무래도 직속 상관의 마음을 바꾸는 것보다야 애초에 좋은 인상을 심어놓는게 더 쉬울테니까요"

그녀는 좋은 인상이 어떤 인상일까, 의아했다. 사장의 말대로라면, 애초에 베른 부장이 원하는 대로 특허출원서에 공동 개발자로 나란히 이름을 기재해야 했다는 것인가.

"그리고 유러 박사님이 요청한 대로, 이번에 문제됐던 공문은 유러 박사의 인사파일에 넣지 않기로 결정했습니다. 이 점은 헌트 인사부장이 깔끔하게 일처리를 할테니까, 따로 확인하십쇼"

그녀는 이제 모든 굴레를 제거했다는 생각에 홀가분했다.

곧 인사이동이 있을 것이고 그녀는 가능한 한 연구에만 몰두할 수 있는 부서로 발령이 됐으면 하는 바람 뿐이었다.

헌트가 자료를 챙겨서 나가려 하자, 사장은 웃으며 그녀에게 말했다.

"이제 모든 일이 해결된 것 같소. 그럼 이제부터는 오클랜드에 대해 얘기나 좀 하십시다."


❋❋❋


유러는 그런대로 만족할 만한 자리로 옮겼다.

이제껏 한번도 보지 못한 매니저들은 그녀를 따뜻하게 반기며 축하해 주었고, 그녀의 연구제안은 다시 프로젝트 평가미팅에서 주요 화제와 의안으로 떠올랐다.

이제야 그녀는 다시 제자리를 찾은 것이다.

나중에야 그녀는 사장이 요트와 오클랜드, 뉴먼 교수를 생각해서 자신에게 이러한 배려를 했다는 것을 알게 되었다. 한편 팍스 기술이사는 사장과의 마지막 미팅이 있던 날로부터 정확히 일주일 후에 다음과 같은 카드를 보냈다.

"……회사는 유러 박사님의 승진을 진지하게 고려하지 않았으나, 그간의 고충과 연구에 몰두하는 열정을 인정하여 다음과 같이 인사조치를 하였으니, 우선 회사 대표로서 승진을 축하하며 회사가 설정한 목표를 달성할 수 있도록 맡은 바 소임과 역할을 다해주길 진심으로 바랍니다."

그리고 타나카는 앞으로 1년은 심사기간으로 그녀를 예의 주시하는 사람들이 많을테니, 각별히 조심하라는 얘길 전했다.

그녀가 자리를 옮긴 후, 첫 번째 보수를 받던 날.

그녀는 퇴근과 동시에 은행계좌로 송금된 액수를 확인했으나 허탈했다.

말이 승진이지, 인상액은 얼마 되지도 않았다. 이와 관련해 그녀는 최근 입사한 남성 연구원의 초봉이 자신보다도 훨씬 많이 책정돼 있다는 사실과 회사규정의 '고용인이 제기한 반론문이 받아들여졌을 시에는, 이 반론이 본격적으로 처리되기 시작한 날로부터 소급해 환급받을 수 있다.'는 내용대로 그녀 역시 3개월 분을 당연히 환급받아야 했다. 그러나 그런 급여조정은 일체 없다는 사실에 또 다시 분개했다.

그녀는 이 문제로 다시 최고경영진과의 면담을 요청했지만, 모두 무산돼 버렸다.

그 무렵 타나카는 그녀에게 함께 다른 회사로 옮기자는 제안을 했다. 그리고 그들은 완성단계에 있는 프로젝트를 가지고 다른 경쟁업체로 옮기기 위한 준비작업에 착수했다.

베른은 이번 패배를 상쇄하기 위해 딘 박사와 메리를 각각 승진시켜 주었고 그들은 모두 엄청난 수입과 부수입을 받게 되었다.

이러한 사실은 곧 연구개발부 연구원들의 귀와 입을 혼란시켜 다시 회사 안은 이들의 이야기로 시끄러웠다. 차별적 인사행정에 불만을 가진 연구원은 한둘이 아니었다. 이로 인해 연구개발부의 생산성은 바닥으로 곤두박질 쳤다.

그러나 베른을 비롯한 몇몇 경영진은 아랑곳하지 않고 인사행정에 관한 한 자신의 뜻을 굽히지 않았다.

베른은 비서인 로욜라에게 새로운 임무를 부여한다는 핑계로 승진시켰고, 그녀 역시 베른에게 각별한 충성심으로 보답했다.

이렇듯 불합리한 인사문제들이 불거지면서 연구원들의 원성이 높아지자, 헌트 인사부장은 팍스 기술이사에게 개인면담을 요청하고 사태수습을 제안했다. 그러나 팍스는 덮어놓고 '연구원들이 제기하는 일체의 거부행위들은 절대 용납할 수 없다.'고 답변했다.

"아니, 부하직원들이 걸핏하면 경영관리에 대해 이러쿵 저러쿵 말하는 것은 회사의 대내외 이미지만 실추시킬 뿐이지, 전혀 도움이 안되는 짓거립니다. 절대 그대로 방치해둘 수가 없어요."

팍스는 골프스윙을 연습하며, 헌트에게 말했다.

"유러, 그 여자는 진짜 우리 사장님이 많이 봐준거에요. 그 요트 좀 한다고 말입니다. 우리 사장님은 너무 인간적인게 문제라니까요. 여하튼 제가 보기에는 베른 말대로 '꼴칫덩어리'인 깃 같더군요. 베른의 말이 맞다니까요"

팍스와 헌트가 이런 얘기로 시간을 보내고 있을 때, 유러와 타나카는 그레쉰 박사에게 회사를 떠날 것이라는 얘기를 전하고 있었다.

"그런데 말이야. 요즘 들리는 얘기로 경영진이 예전에 우리 연구개발부가 제시한 평가 시스템을 긍정적으로 생각하고 있다더군. 앞으로 공평하게 능력과 성과 중심으로 평가되는 목표관리(Management By Objective, MBO) 시스템이 도입되면 아마 이런 큰 문제들은 생기지 않을 거라고 보는데. 그때까지 한번 믿어보는 게 어떤가."

그레쉰은 두 사람을 걱정하는 눈빛으로 말했지만, 유러와 타나카는 냉소적으로 대답했다.

"보수적인 경영인 집단이 그런 시스템을 도입하겠어요. 그럴 사람들이었다면 이런 문제는 생기지도 않았을 겁니다. 지금 이 회사에서 이뤄지고 있는 게 바로 '악의 경영'이 아니고 뭡니까."

유러와 타나카는 '악의 경영'이라는 표현이 그럴 듯하게 들린다며 큰 소리로 웃어댔지만, 그레쉰은 씁쓸하게 말했다.

"어쨌든 이 회사도 새로운 변화의 바람을 거역하지는 못할 겁니다. 조금만 더 기다려 보십시다."

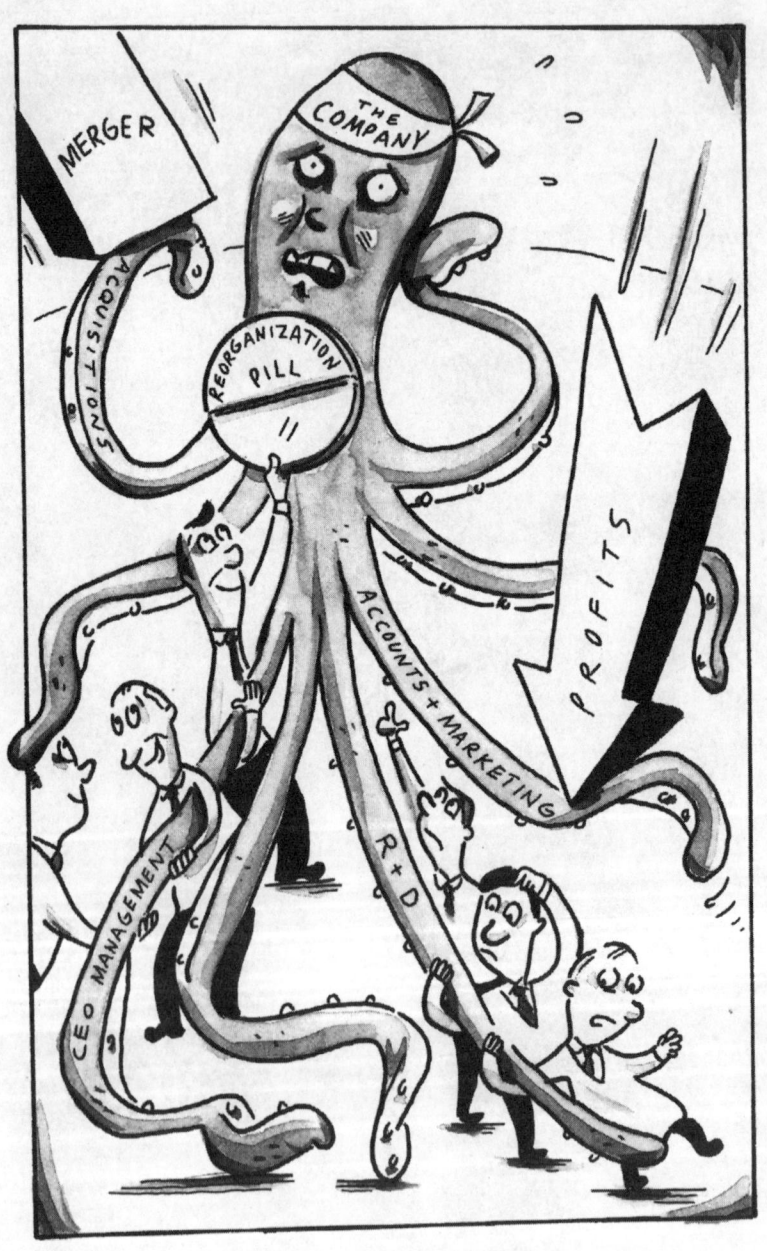

제10장

# 돈가방을 챙겨라

아니 땐 굴뚝에 연기나랴.
연기가 나면 모든 사람들이 알게 되니까,
일단 연기가 새나가지 않게 굴뚝부터 막는다.
그래도 안되면, 튀어라.
굴뚝이 폭발하기 전에.

회사에는 얼마 전부터 악성루머가 떠돌았다.

어느 부서를 가든, 둘 이상 모인 자리에선 어김없이 회사의 불안한 미래에 대한 이야기 뿐이다.

월스트리트 주식시장 보고서는 최근 이 회사의 경영평가를 좋지않게 내놓아 주주들의 마음을 불안하게 만든 데에 이어, 파이낸셜 타임즈 역시 '전반적인 주식시장이 안정세에 돌입한 것과는 달리, 이 회사의 주식시세는 내부 경영진의 안일한 경영전략과 악성루머로 인한 악재가 겹쳐 하락세를 면하지 못하고 있다'는 뉴스를 경제면에 실었다. 그러나 회사 내의 게시판이나 인터넷 홈페이지의 공지사항 등에는 일체 게시돼지 않았다.

경영진은 사외의 평가에 대해 전혀 동요하지 않은 채 침묵으로 일관했다.

사장 역시 '전진만이 살 길이다 : 팀웍을 계속해서 발전시켜 나가자.'는 문구를 '이 달의 슬로건'으로 제정해 게시판에 걸었을 뿐, 유력 경제지들이 연이어 보도하는 민감한 사안에 대해 어떤 대답도 하지 않았다.

단지 연구개발부의 연구원들만이 사기가 꺾인 채, 좌절감으로 냉소적이고 허탈한 시간들을 보내고 있었다.

어느 날에는 연구실 천장에 목이 꺾인 채 죽어있는 닭이 엽기적으로 걸려 있고, 또 어느 날에는 흰 가운 위로 해고통지서가 붙은 인형이 게시판에 꽂혀 있기도 했다.

니젤 얀센 박사는 이런 회사 분위기가 입사한 지 25년만에 처음이라고 생각하고 있다. 특히 그는 사실확인을 위해 매니저들의 사무실을 찾았지만, 어느 누구도 속시원하게 얘기해주지 않거니와, 며칠째 많은 매니저들은 코빼기도 보이지 않았다. 때문에 그의 마음속에 일어나는 두려움과 의혹은 시간이 지날수록 증폭되기만 했다.

더구나 그는 지난 열흘동안 현재 진행중인 '레이저칩의 초점을 맞추는 LCF(Laser Chip Focusing) 기술 프로젝트'의 매니저인 브래드를 한 번도 보지 못했다. 불안한 생각으로 프로젝트에 집중할 수 없게 되자, 회사가 도산을 하든 말든 상관말고 실험계획표나 짜기로 마음먹고는 노트북을 부팅시킨다.

전화가 요란하게 울려댄 것은 바로 그때였다.

"잘 지내셨습니까. 저 브래드입니다."

브래드의 목소리는 예상 외로 활기차다.

얀센은 항상 궁금한 것이 생기면 그때그때 프로젝트 매니저를 통해 해답을 찾곤 했다.

"뭐 하나 물어봅시다. 우리 연구원들은 다들 노심초사하고 있는데, 매니저들은 아직 문제파악도 못한 모양이죠. 이렇게 조용한 걸 보면."

"저희들도 사태를 심각하게 파악한 터라, 얀센 박사님은 알고 계시라는 뜻에서 전화드린 건데요. 일단 월요일 게시판에 회사 입장을 밝히고 향후 대책에 대한 공고가 나갈 겁니다. 더 구체적으로 말하자면, 대대적인 '구조조정' 계획이 게시될 겁니다. 우선은 제가 알고 있는 것만이라도 전해드리려고 전화했습니다. 박사님이 또 불안해하실 것 같아서요. 참, 그리고 지니 프랫양이 이번에 회사의 미래기술전략 프로젝트의 총책임자로 전격 기용됐답니다. 앞으로 박사님이 프랫양을 많이 도와주셔야 될 것 같습니다."

그는 둔기로 머리를 맞은 듯한 기분이 되어 아무 말도 할 수 없었다.

'미래기술전략 프로젝트'라면, 연구개발부의 연구 프로젝트 가운데 가장 미래지향적이고 기술집약적인 프로젝트의 전략목표, 계획, 마케팅만 전담 책임지는 독립된 프로젝트 팀이었다. 이미 많은 부서장들과 프로젝트 매니저들이 이 프로젝트 팀의 수장이 되기 위해 막대한 액수의 로비를 하고 있다는 소문이 있던 터였다. 그런데 그런 막중한 임무를 겨우 지니 프랫에게 맡겼

단 것인가.

"그 여자는 단기 경영코스만 수료했지, 우리 연구에 대해서는 아는 게 없잖습니까. 게다가 그동안 연구실 안전을 책임진다는 구실만 있었지, 아무 것도 모르는 여자가 무슨 미래기술전략 프로젝트의 전략계획을 짠다는 말입니까."

순간 그의 뇌리에 프랫이 스쳐 지나갔다.

까만 눈동자에 과산화수소로 물들인 듯한 노란 컷트머리, 정장 슈트에 오뚝한 콧날, 높은 하이힐을 신고는 미팅 때마다 허스키한 목소리로 시끄럽게 구는 여자.

특히 그녀는 무식한 데다가 우기기까지 선수가 아니던가.

"사장님이 프랫양을 높이 평가해서 전격적으로 임용한 것이라고 들었습니다. 후문에는 프랫양이 사장님 사모님의 친동생이라고 하더군요."

그는 '그러면 그렇지.'라며 혀를 찼다.

"문제는, 그 여자가 전략문제 등과 관련해서 생각이 많다는 겁니다. 프로젝트의 전략이나 기획과 관련해서 훤히 꿰뚫고 있다면야 절실히 필요한 인재겠지만, 부질없는 생각만 많아 가지고는 밑에 사람들만 힘들지 않겠습니까. 참, 그리고 박사님께 한 가지 부탁드릴게 있는데요."

브래드는 잠깐 뜸을 들이다가 다시 말을 잇는다.

"연구개발부 선임연구원 가운데서는 박사님이 가장 오래 근무하셨으니까, 다른 선임연구원들과 앞으로 연구개발부의 새로운 연구성과에 관한 보상제도에 대해 논의하시고 관련 보고서를 제출해주십사 하구요."

그는 의자 깊숙이 몸을 기대고는 믿을 수 없다는 듯이 말했다.

"그럼 우리 연구진이 5년 전에 제안했던 '연구기술개발 보상계획안'을 매니저들이 참작해보겠다는 그말입니까. 지금."

"예. 사장님이 이 문제에 대해 가장 큰 관심을 보이고 계신데요. 앞으로는 연구원과 매니저간의 승진과 급여가 차별없이 공평하게 돌아가도록 할 계획이고, 이를 위해서는 회사의 전반적인 인사정책과 구조조정이 필수적이라고 말씀하셨습니다. 저희 매니저들도 모두 동의했구요. 앞으로 사장님이 주재하는 경영진미팅을 통해서 이러한 내용들이 결정될 겁니다. 그리고 이 자리에 박사님이 연구진 대표로 직접 브리핑을 해주셨으면 합니다. 브리핑 자료는, 보상제도를 비롯한 연구개발부의 향후계획에 대한 보고서 형식으로 미리 제출하셨으면 합니다."

전화 케이블 너머로 브래드의 호탕한 웃음소리가 들렸다.

"염려 말아요. 예전부터 내가 준비해둔 자료가 있으니까. 바로 제출하도록 하겠소."

브래드의 전화로 기분이 좋아진 그는 다음주 금요일에 열릴 사장 주재의 공식미팅에서 연구개발부의 비전을 세시해딜라는 요청을 흔쾌히 받아들였다.

월요일에 게시하기로 했던 공고문은 수요일 오후에야 게시판에 걸렸다.

　　이로써 모든 연구원들은 구조조정이 임박했음을 알게 됐다. 그러나 그중 대부분은 게시물이 걸리기 훨씬 전부터 그런 변화의 조짐을 알고 있었다.

　　월요일부터 매 끼니가 진수성찬으로 푸짐하게 만들어져 10층 사장실 옆 회의실로 줄지어 들어가는 것을 목격한 연구진은 한둘이 아니었다. 그들 대부분은 매우 중대한 회의가 열리고 있음을 짐작할 수 있었고, 그들과 무관한 논의는 분명 아니란 사실까지 깨달았던 것이다.

　　넓은 회의실에서 사장은 초콜릿 묻힌 딸기를 우물거리며 새 메르세데스의 번호판에 적은 '멋진 항해를 위한 전략'이란 문구가 아주 마음에 든다는 생각을 하고 있다.

　　응용기술연구부의 빅터 폴 베른 부장은 짜증스럽다는 투로 입을 열었다.

　　"연구개발 비용의 예산을 논하기에 앞서, 우선 연구개발에서의 기술적 측면에서 조명한 비전이 제시돼야 한다고 봅니다. 이에 대해서는 저희 응용기술연구부가 회사의 비전을 제시하기에 가장 적합한 부서라고 생각합니다."

　　베른은 맞은편에 앉은 미래기술개발부의 마이크 밴더 부장을 의식하며 말했다.

밴더는 빌 갬블의 후임자로 온 사람이지만 갬블과 마찬가지로 베른과는 서로 앙숙이었다. 모든 문제에 대해서 항상 으르렁대며 첨예하게 대립해온 까닭에 주위의 다른 경영진들도 눈살을 찌푸릴 정도였다.

사장 역시 편집광적으로 라이벌 의식이 강한 두 사람의 관계를 익히 알고 있던 터.

사장이 베른의 말에 대해 무어라 답변을 하려 했지만, 밴더가 먼저 말을 꺼낸다.

"사실 앞으로 우리 회사가 미래지향적인 변화를 추구하고자 한다면, 우리 미래기술개발부의 위상이 높아져야 마땅하다고 생각합니다. 대외적으로도 우리 개발부의 이미지가 가장 미래지향적이죠. 부서 이름처럼."

베른은 분을 참지 못하고 다시 말하려 했으나 밴더가 말을 잘랐다.

"저희 부서는 오랫동안 베른 부장님이 시장성이 높고 발전가능성이 있는 제품을 발명하시길 기다려 왔습니다. 그렇지만 지금까지의 상태로는 아무래도 무리일 것 같습니다."

베른은 불쾌하다는 듯 입을 삐죽거리며 양미간을 찌푸리며 말한다.

"사장님도 잘 아시겠지만, 저는 지금까지 무려 200개 이상의 특허와 발명 아이디어를 제공했습니다. 그야말로 우리 회사가 보유한 특허출원증의 대부분에 제 이름이 기재돼 있다는 사실을 잘 알고 계실 겁니다. 특히 실수요자들이 가장 많이 찾는 제품들이 전부 저희 응용기술연구부에서 개발된 것이라는 점도 말씀드리고 싶군요."

"그게 사실이라고 해도 그 제품을 저희 미래기술개발부가 완벽하게 만들어내지 못하면 쓸모없는 쓰레기가 돼버린다는 사실을 간과하고 있는 것은 설마 아니겠죠."

밴더는 헛기침을 하며 얘기했다. 그러자 베른은 숨을 고르며 대답한다.

"뭐, 그 정도도 하지 못하면 앞으로는 도대체 어떻게 대처하려고 그러는지, 모르겠군요."

"이제, 그만들 좀 하십쇼. 그만."

그때 사장이 나서서 말을 끊었다.

참석자들 대부분은 근 7일 간이나 투견처럼 짖어대는 두 사람의 대화에 질릴대로 질린 상태였다.

사장은 니젤 얀센 박사가 계획안을 가져오기 전에, 먼저 연구개발부의 구조조정과 계획에 대해 결정하자며 말문을 열었다.

그리고 그는 앞에 있는 문서를 읽었다.

"향후 연구개발부 생산성 향상조건 : 1. 커뮤니케이션을 개선한다, 2. 엄격하게 예산을 관리하고 집행한다, 3. 무엇보다 연구개발부 연구진의 책임감을 심화시킨다."

"사장님, 안전조건대로 문서를 작성한 다음에는 보다 기술적으로 문서를 보관, 보전해야 우리가 수립한 전략목표가 계획대로 순조롭게 이뤄질 수 있다는 점, 잊지마세요."

프랫은 사장에게 웃으며 말했다.

사장은 만면에 웃음을 머금고 고개를 끄덕였다.

"그럼 이젠 연구개발부 연구진의 보상문제와 구조조정 계획안에 대한 얘길 해봅시다."

사장이 의안을 제시하자, 참석자들은 사장의 진심이 궁금했다.

과연 사장이 진심으로 연구진에게 연구성과에 대한 금전적인 보상을 해줄 것인지, 아닌지가 말이다. 그러나 누구도 섣불리 말문을 열지는 못한 채, 눈치만 살피고 있다.

그때 자금부 부장이 말한다.

"당연히 회사는 미래지향적인 이미지를 구현하기 위해서 긍정적으로 검토해야 합니다만, 이를 위해서 연구개발부의 모든 연구원들에게 엄청난 비용을 보상한다는 것은 전혀 별개의 문제로 논의돼야 한다고 생각합니다. 예산부터 먼저 꼼꼼히 살펴본 다음에 연구개발부 연구원들에게 어떻게 분배할 것인지를 협의해야 합니다. 그렇지만 전 개인적으로 그렇게 많은 비용을 연구개발부에 투자할 필요가 있는가, 라는 생각이 듭니다."

"사장님, 정말로 연구진들에게 보너스를 지급하실 겁니까. 발명품의 수익 일부를 공동분배하는 형식으로 나눠주겠다는 얘기가 사실이냐구요. 혹시 우리의 보너스에서 얼마를 희생해야 하는 것은 아니겠죠. 설마."

생산부장은 믿기지 않는다는 듯 흥분하며 말했다.

참석자 대부분은 사장이 뭐라고 대답할지, 숨을 죽인 채 있다.

사장은 생산부장의 마지막 얘기에 귀가 솔깃해진다. 과연, 그의 말대로 내 보너스를 연구원들에게 나눠줘야 한단 말인가.

사장은 보너스가 줄면 이번에 구입하기로 했던 신형 요트도 살 수 없게 될지 모른다는 생각을 하고 있다. 밴더는 아내에게 신형 메르세데스로 차를 바꿔주기로 한 약속을 떠올린다. 프랫은 얼마 전에 구입한 저택의 세금이 얼마였는지 기억해내고, 베른은 불과 몇 시간전에, 티파니에서 본 다이아몬드 반지를 생각하고 있다.

그때 생산부장이 신경질적으로 웃으며 말을 이었다.

"연구진에게 수익을 나눠주자는 의견은 유토피아에서나 있을 법한 얘깁니다. 안그렇습니까."

참석자들은 모두 동의한다는 듯 서로를 쳐다보며 크게 웃고 떠들며 고개를 끄덕였다.

"죄송합니다. 여러분, 니젤 얀센 박사님이 오셨습니다."

사장의 모래시계 비서가 문을 열자, 얀센이 들어왔다.

사장은 그를 환영했다. 그와 악수를 하던 사장은 그의 다른 손에 들린 두꺼운 문서철을 자세히 살피며 물었다.

"정말 준비를 많이 하셨군요. 자, 그럼 얀센 박사님의 얘길 들어볼까요. 준비됐으면 시작하십쇼."

얀센은 곧 영사기를 준비하고 가져온 인쇄물을 배포한 다음, 프리젠테이션을 시작했다.

1부에서는 미래 연구 프로젝트를 추진하는 데에 꼭 필요한 연구실 시설목록을 보여주고 설명했다.

2부는 경영진이 보다 쉽게 이해할 수 있도록 '카툰'으로 준비했는데, 연구개발부의 기여도를 중심으로 매니저와 공평하게 급여가 책정돼야 하며, 이와 함께 연구진의 연구성과에 대한 보상제도를 중점적으로 설명했다.

"저희 연구개발부 연구진은 신형기술 개발자로서, 장기간의 미래기술전략 목표를 책임있게 수행해야 한다고 생각합니다. 이를 위해선 연구개발 및 의사결정 프로세스에 연구진의 의견이 적극적으로 수렴돼야 하며, 특히 아이디어를 발의한 연구원이 직접 연구 프로젝트에 대한 프리젠테이션을 실시해야 합니다. 투자자와 이사회에서는 물론이고 이와 비중이 유사한 공식미팅과 브리핑에서는 반드시 연구계획 수립자가 직접 시연할 수 있도록 해야한다고 생각합니다. 그럼 이것으로 향후 연구진의 보상제도와 급여조건에 대한 1, 2부 프리젠테이션을 모두 마칩니다."

"정말 뛰어난 프리젠테이션이었습니다."

팍스가 먼저 입을 열었다.

참석자들은 모두 박수를 치며 웅성댔다.

"그런데 어쩝니까. 투자자들이란 연구에는 별 관심이 없거든요. 그래도 어쨌거나 미래기술전략 목표까지 아주 꼼꼼하게 준비하셨군요. 특히 연구진이 경영에도 적극적으로 참여해야 한다는 의견에는 전적으로 동의합니다. 수고하셨습니다."

밴더는 팍스를 쳐다보며 정말 훌륭한 프리젠테이션이라고 덧붙였다.

사장 역시 미소 띤 얼굴로 좌중을 둘러보며 '기탄없이 의견을 제시하라.'고 말했다.

참석한 사람들은 모두 긍정적으로 생각한다며, 찬성했고 다른 의견을 얘기하는 사람은 아무도 없었다.

프랫은 얀센의 프리젠테이션에 사실 불만이 많았지만, 참석한 사람들 대부분이 좋게 평가하는 바람에 어떤 불만도 토로할 수 없었다.

"저희 연구진은 장기적인 연구개발 계획과 관련해 회사의 미래기술전략 목표에 대해서도 보다 영구적으로 저희의 의견을 개진하고자 합니다.

얀센의 얘기에 가장 적극적으로 공감을 표시한 사람은 국제영업부 부장이다.

그는 해외영업 실적이 부진한 관계로 골머리를 앓고 있던 중이다. 그는 앞으로 회사의 미래는 연구개발부 연구원들의 머리에 달려있다고 굳게 믿고 있다.

얀센은 자신의 프리젠테이션에 대해 이렇듯 긍정적인 평가가 있을 줄은 미처 몰랐다. 근 25년을 선임연구원으로 근무하며 150개 이상의 연구논문을 발표해 국제적으로 인정받는 전문가였지만, 이제까지 회사는 그의 연구능력을 과소평가해왔던 것이다.

얀센은 이 보고서가 채택되어 많은 연구원들의 근무환경이 나아진다면, 더 바랄 나위가 없다고 생각했다.

"따라서 앞으로 연구와 관련된 대내외의 미팅에 연구진이 직접 참여해야 한다고 생각합니다. 지금까지 해온 것처럼 보고서만으로는 해결이 되지 않습니다. 오히려 작업량만 늘어나고 프리젠테이션을 위한 제반경비만 지출될 뿐입니다. 보다 합리적인 방법이 채택되어야 할 것입니다."

그러나 얀센의 주장은 논쟁을 불러왔다.

참석자들은 저마다 연구진의 직접 참여를 부정적으로 얘기했고 '보다 합리적인 방법'이라는 표현이 의도하는 바가 도대체 무어냐, 며 싸움을 벌였다.

얀센의 얘기에 손을 들어주는 사람은 국제영업부 부장과 밴더뿐이었다.

베른은 관망하고 있고, 기술이사와 사장, 프랫은 모두 말없이 얀센의 보고서만 넘기고 있다.

그러나 논쟁도 곧 사장의 한 마디로 끝이 났다.

"자, 이 문제에 대해선 오늘 결론을 내리지 못하겠군요. 차차 얘기를 하도록 하고 이젠 연구진들의 보상제도에 대해서 좀 얘기해봅시다."

얀센은 입술을 지그시 문 다음, 말했다.

"앞에서도 언급했듯이 연구개발부의 연구진들에게 우리 회사의 미래가 달려 있다고 해도 과언이 아닙니다. 또한 우리 회사의 근무자들 가운데서도 가장 높은 학력과 연구경력을 갖고 있으면서도 형편없는 보수를 받아왔고, 지금까지 사기를 북돋울 금전적인 보상은 일체 없었습니다. 그나마 발명자와 공동개발자에게 지급하는 상금제도조차 흐지부지돼 버렸습니다. 이런 열악한 상황에서 근무하는 저희 연구진들은 정말 사명감과 책임감만으로 연구에만 몰두해왔습니다. 그러나 그들은 이제 회사의 비전과 희망에 대해 회의적입니다. 30년 가까이 근무한 선임연구원들조차 근무연수와 연구성과에 비례한 보수와 그에 상응하는 부대혜택도 제대로 못누리고 있기 때문입니다."

참석자들 중 일부는 얀센을 겸연한 표정으로 바라봤고, 일부는 아예 외면한 채 경청하는 사람도 있다. 그러나 그들 대부분은 얀센의 발언에 책임감을 느끼고 있긴 했다.

"회사가 연구개발 인력과 시설물을 확충하고자 한다면, 현실을 직시하고 장기적이고 단계적으로 연구비용과 시설물에 투자하며 연구원에 대한 보상 및 인사제도 또한 공평하고 합리적인 방법으로 적용해야 합니다."

"아니, 그렇게 많은 돈을 쓰고도 부족하다, 이겁니까."

더이상 참을 수 없다는 듯 자금부 부장은 볼멘소리를 냈다.

"솔직히 이 보고서에 적혀있는 고가의 장비와 기기들이 정말 필요한 것인지, 의심스럽습니다."

"절대적으로 꼭 필요한 것만 적었습니다. 장비와 기기 등의 시설물이 노후돼 있으면 아무리 아이디어와 프로젝트가 뛰어나다 해도 기대하는 연구성과를 이룩할 수 없다는 사실은 여러분 모두 잘 아시리라 생각됩니다. 보고서에 적힌 장비와 기기들이 고가인 것은 사실입니다. 그러나 획기적인 아이디어와 탁월한 연구원의 능력만큼이나 관련 장비와 시설물 조건도 잘 갖춰져 있어야 회사가 원하는 발명품을 획득할 수 있습니다."

얀센은 자금부 부장의 얘기에 분개하며 대답했다.

그때 밴더가 테이블을 두드리며 말한다.

"제게 좋은 아이디어가 있습니다. 요즘은 대부분의 구매자들이 인터넷을 통해 제품을 구입합니다. 특히 최근 보도기사들을 살펴보면, 주로 인터넷 쇼핑몰과 경매 사이트를 통해서 구입한다고 합니다. 제가 알아본 바로도 현물시장에서 거래되는 가격보다 최대 30%까지 저렴한 가격에 판매되고 있었습니다. 물론 얀센 박사님이 제시한 고가의 장비 대부분을 구입하기는 쉽지 않겠지만, 일단은 물색해보고 동종의 상품이 나와있다면, 이왕이면 저렴한 가격으로 구입하는 게 여러모로 나으리란 생각입니다. 일단 인터넷으로 가격대를 알아보는 게 어떻습니까."

밴더는 자신의 얘기에 흡족하다는 표정으로 말했고 참석자들도 의외의 발언에 놀란 표정이었다.

"그건 제가 해보겠습니다."

프랫이 공격적으로 말을 잘랐다.

"저도 경매에 직접 참여해볼까, 합니다. 연구개발부 예산은 제가 집행하니까요"

자금부 부장은 밴더의 의견에 찬성한다며, 함께 동참하겠다고 말했다.

참석자들이 밴더의 의견에 동요하며 기발한 생각이라고 맞장구를 쳤지만, 얀센 혼자만 얼토당토않은 발언이라고 여겼다.

"하지만 우리는 미래에 투자해야 합니다. 지금부터 5년, 10년 뒤를 예상해서 현재의 계획을 수립해야 한다고 생각합니다. 인터넷 시장은 이미 유행에 뒤떨어졌거나, 상대적으로 가격이 저렴한 제품이거나 혹은 덤핑물건이 대부분이기 때문에 저희가 제시한 장비는 찾기 어려울 것으로 보입니다. 그런 데에 들이는 노력을 ……."

얀센은 목소리를 높여서 설명을 했으나 사장 이하 경영진은 모든 것을 다 알고 있다는 식의 태도가 마음에 들지 않는다는 표정이다.

"앞으로 무슨 일이, 어떻게 벌어질지 어느 누가 알 수 있습니까."

사장 역시 얀센의 말이 못내 거슬리는 모양이다.

사장은 10년 후에는 자신이 잔잔한 바람을 안고 기분좋게 요트를 타며 푸른 바다를 항해하고 있으리란 상상을 해왔다.

"얀센 박사님의 말씀도 일리가 있습니다만, 장기적인 투자라는 대목은 찬성할 수가 없군요. 현재 우리 회사의 재정상태와 투자자들을 먼저 생각해야 합니다. 투자자들은 당장 잘 팔리는 제품을 원합니다. 수익성있는 제품이어야 안정적인 성장을 이룩할 수 있을테고 그래야 장기적인 투자도 할 수 있는 게 아니겠습니까. 지금은 투자보다 수익이 우선입니다."

생산부 부장의 얘기에 많은 참석자들은 동의했다.

밴더는 큰 소리로 웃으며 프랫을 쳐다보더니 말한다.

"연구진의 요구사항은 연구 이론 만큼이나 비현실적이군요."

"밴더 부장님. 우린 회사의 미래를 위해 투자하지 않고는 현재로서는 어떠한 수익성있는 제품도 개발할 수가 없습니다."

베른은 얀센 박사의 말에 귀가 번쩍 뜨였다.

밴더의 말도 틀리고 생산부 부장의 말도 틀리다며 고개를 젓던 베른은 얀센 박사의 마지막 말에 크게 공감한다며 고개를 끄덕였다.

"얀센 박사님이 핵심을 제대로 찌르셨습니다. 우린 회사의 미래를 위해 우선 응용기술연구부가 진행하고 있는 프로젝트에 투자해야 합니다."

참석자들은 베른의 얘기로 인해 다시 밴더와의 말싸움이 시작되리라고 예상했다. 그리고 대부분의 참석자들과 기술이사, 사장은 지난 미팅기간 내내 지겹도록 보고들은 그들의 싸움을 더이상 보고싶지 않다는 듯, 자리에서 일어나기 시작한다.

어느새 참석자중 몇몇은 뷔페 테이블로 가서 커피를 리필하거나 칠레산 포도나 하와이산 파인애플 등을 먹으며 수다를 떨고 있다.

얀센은 지금까지 그의 프리젠테이션에 대한 어떠한 확실한 대답도 듣지 못했다는 사실을 깨닫고 다시 초조해졌다. 이 시간에도 연구개발부 연구원들은 열악한 근무조건 속에서 노후한 연구장비를 가지고 실험을 하고 있을 터였다.

그러나 그의 조바심과 노파심에도 불구하고 사장은 미팅을 폐회한다고 말하고 있다. 그리고 사장은 그에게 나가와 악수를 청하며 다음과 같이 말했다.

"오늘 프리젠테이션, 정말 좋았습니다. 정말 대단합니다. 심각하게 고려해 보겠습니다."

‥‥‥

　　그로부터 2주일이 지난 뒤, 경영진에서는 생산성과 수익성을 높이기 위한 구조조정의 일환으로 부서를 대대적으로 재편한다는 내용의 공고문을 게시했다.

　한편 프랫은 최근 새로 구입한 장비들을 놓을 공간이 부족하자, 연구개발부 연구실의 위치변경이 불가피하다고 주장했다. 그녀의 주장은 곧바로 구조조정 협의에 주요안건으로 상정됐고 사장의 직인이 찍힌 다음과 같은 내용의 게시물이 연구실 게시판에 걸렸다.

　'모든 연구인력은 별도의 통보가 있을 때까지, 모든 연구활동을 중지하고 막대한 이삿짐을 꾸리는 데에 동참한다.'

　게시물을 본 연구개발부 연구원들은 구조조정이 전격적으로 단행된다는 소문을 달갑지 않은 시선으로 바라보고 가급적 말을 아꼈다. 회사에서 살아남으려면 어쩔 수 없는 노릇이었지만 연구원들 사이에서는 다음과 같은 이야기가 회자되었다.

　　구조조정을 단행하기로 경영진이 결정했다 해도 나는 놀라지 않으리라.

　　구조조정을 한다고 하지만

　　결국 그들이 하는 행위란,

　　'아랫돌 빼서 윗돌 막기' 밖에 더 되겠는가.

그후 연구개발부의 연구실적은 거의 전무하다시피 했다.

안센 박사와 그의 동료 연구원들은 프리젠테이션에 많은 기대를 걸었던 것을 후회하거나 허탈하게 생각했고, 그후 변함없이 연구활동을 간섭하는 프로젝트 매니저들을 씁쓸하게 생각했다. 이와 함께 많은 연구진들은 프랫의 열정적인 업무활동으로 인해 '포장 이삿짐센터의 고급인부'가 돼버린 현실에 경악을 금치 못했다.

연구개발부는 결국 자금부가 사무실로 사용했던 1층으로 이사했다.

1층은 비교적 넓고 쾌적하고 무엇보다 이삿짐을 나르기가 어렵지 않았지만, 수도시설이나 전기, 환기구, 가스안전시설 등의 기초적인 시설조차 제대로 돼있지 않았다.

이에 대해 안센과 동료 선임연구원들은 이러한 상태로는 어떠한 연구도 불가하다는 항의를 하고 당장 시설을 보완하거나 연구실을 확보해달라는 서한을 구조조정 개혁위원회 측에 제시했으나 모두 소용없었다.

위원회 측은 연구진을, 회사의 뛰어난 경영마인드를 묵살하며 '비이성적인 불평만 늘어놓는 기술자들'로 지부했을 따름이다.

그러던 중 사장은 월례회의를 통해, "회사가 어렵게 결정한 구조조정 결과에 대해 주주들이 긍정적으로 평가하리라 확신한다."는 얘기로 구조조정이 끝났음을 공식적으로 선언했다.

한편 사장은 구조조정 종식선언 이후, 가진 첫 관리자 미팅에서 "도대체 이 친구들이 원하는 게 뭐냐"고 분개했다.

"어쩌면 그렇게 매일 불평불만을 늘어놓는지, 이해할 수가 없습니다. 그들이 원하는 대로 넓은 연구실로 옮겼는데도 이번엔 시설이 제대로 돼있지 않다고 불만입니다. 그중에도 니젤 얀센 박사는 악질 중에 악질입니다. 최근에는 사장님도 승인한 미래 기술전략 프로젝트 내용을 얼마나 한심하게 생각하는지, 정말 연구진들의 말과 행동에 몸서리가 쳐질 정돕니다."

"바로 그 연구진들이 회사를 이런 지경으로 몰아갔던 겁니다. 자기들 스스로도 요구한 보상을 받을 자격이 없는 줄 알고 그런 식으로 불평을 터뜨린 게 아닐까요."

프랫의 얘기에 팍스는 맞장구를 치며, 위로했다.

"회사 내에서는 얼마든지 그런 행동을 해도 상관없지만, 대외 홍보마케팅 회의에도 많은 투자자들 앞에서 자신이 하고싶은 말을 두서없이 모조리 뱉어내는 것은 정말, 어떻게 설명해야 합니까. 얀센 박사를 잘못 봐도 한참 잘못 봤습니다. 그의 요구를 들어주는 게 아니었는데 그랬어요."

화가 단단히 난 마케팅부 부장은 계속 투덜대고 있다.

"그래요. 앞으로 연구개발부 연구원들에게는 보다 강력한 관리시스템이 필요할 것 같군요."

사장은 구조조정으로 인해 쇠약해진 심신을 보강하고자 요트 여행을 계획하고 있다. 때문에 서둘러 미팅을 끝내고 참석자들은 연구개발부의 강력한 관리시스템 도입을 만장일치로 통과시켰다.

그후 사장은 프로젝트 매니저 외에도 연구개발부 산하 프로젝트 연구팀들의 강력한 인사관리를 지휘할 '중간 프로젝트 관리자'를 도입, 연구개발부의 연구원이 제출한 많은 자료를 처리할 수 있게 했다.

얀센은 미생물학 연구실의 마이크 앳킨스 박사와 괴로운 심정을 얘기하고 있다.

앳킨스는 연구개발 비용에 대해 프로젝트 매니저와 논의를 하다가 그 연구비용을 다른 데에 모두 써버렸다는 사실을 알고는 분통을 터뜨렸다는 얘길 하던 중이다.

"이번 '면역 프로젝트' 때문에 추가연구비용을 신청했는데 일언지하에 거절당했소이다. 한두 번 당한 것도 아니지만, 이번에는 불현듯 먹을 것은 생각하지도 않고 무작정 낳기만 일삼는 토끼가 생각나더군요. 구조조정 평가는 생각하지도 않고 무작정 비용만 지출하는 그들이 토끼같다는 생각이 들었습니다."

❀❀❀

팍스가 마침내 연구개발부 연구진을 대상으로 미팅을 소집했다.

많은 연구진은 이제야 공평한 보상제도에 대해 얘기하려는 모양이라며, 앞다퉈 기술이사실 옆 회의실로 몰려갔다.

회의실로 가는 내내 밴더와 베른은 어느새 프랫을 씹으며 두 부서의 공조체제를 확인하고 있다. 그들은 사장이 프랫과 종종 회사 밖에서 투자자들과 시간을 보낸다는 정보를 입수한 터였다. 게다가 사장이 프랫에 대해 구조조정에 큰 기여를 했다며 좋게만 평가하는 것이 못내 의심스러웠다.

팍스는 연구진을 반갑게 맞으며 연설을 하기 시작한다.

연구진들 사이에선 뭔가를 간절히 기대하는 분위기가 조성돼 있는 듯, 진지한다.

"우선 회사는 여러분을 위해 존재한다는 사실을 강조하고 싶습니다. 요즘 악성루머가 다시 떠돌고 있는데, 그것은 말 그대로 루머일 뿐입니다. 절대 동요하지 마십쇼. 우리 회사는 합병되거나 더이상의 감원은 없으리라고 확신하는 바입니다. 그리고 연구개발부 연구진을 위해 우리 회사는 공평하고 합리적인 보상제도를 도입하기로 결정했습니다."

그때 여기저기서 우레와 같은 박수와 함께 환호성이 터져 나왔다.

팍스는 흥분하는 얼굴로 다시 말을 이었다.

"진작에 이런 조치가 있었어야 했는데, 그동안 여러 의견을 수렴하고 결정하기까지 시간이 걸렸던 점, 이해해주시길 바랍니다. 사장님께서는 이미 구조조정의 종식을 선언하셨지만, 앞으로도 지속적으로 구조조정을 실시하여 회사의 대내외적인 이미지를 쇄신하고 수익성을 향상시키는 데에 주력하자고 말씀하셨습니다."

팍스는 영사기를 켰다.

파도가 일렁이는 바다 위로 요트가 나타난다.

하얀 돛에는 '강풍을 대비하고 돛을 올려라.'라는 글씨가 선명하게 찍혀 있다.

팍스는 자리한 연구원들을 둘러보며 만면에 웃음을 띤 채, 말한다.

"모쪼록 우리 사훈을 항상 명심하시기 바랍니다. 우리 회사는 조만간 당당하게 폭풍우를 헤치고 잔잔한 성공의 바다에 안착할 것입니다."

팍스는 말을 마친 뒤, 급한 약속이 있다며 회의실을 나갔다.

미팅은 그것으로 끝났다.

일부는 결정적인 말도 하지 않고 끝내버린 팍스에 대해 험담을 했고, 일부는 기대를 했던 자신을 한탄하며 회의실을 나갔다. 대부분의 연구원들은 이따위 미팅에 사람을 오라가라 한다며 불평불만을 늘어놓았다.

팍스의 짧은 미팅이 있던 날로부터 한 달도 채 지나지 않아서, 승진명단이 공고됐다. 그 공고에는 그가 애기했던 공평하고 합리적인 보상제도에 대한 언급이 있을 터였다. 많은 연구진은 잔뜩 기대를 한 채, 게시판으로 몰려들었다.

승진명단에는 주로 프로젝트 매니저들의 이름이 나열돼 있었는데, 내부분 '기술연구 매니저'라는 직위로 승진했다는 내용이었다. 그리고 어디에도 50여 명에 달하는 연구원들의 이름은 하나도 없었다.

이 공고를 본 연구진들은 한결같이, '연구에 대해서는 기초적인 전문지식조차 알지 못하는 사람에게 무슨 기술연구 매니저라는 직함을 달아줄 수 있는지, 경영진들의 속내를 도대체 알 수가 없다.' 는 반응이었다.

그렇다면 최고경영진이 약속했던 연구개발부 장기간의 투자와 연구원들의 공평하고 합리적인 보수 및 보상제도는 어떻게 된 것인가.

실질적으로 연구개발부에 돌아온 몫은 하나도 없다는 사실을 깨닫기까지 그리 오랜 시간은 걸리지 않았다.

최고경영진이 연구개발부의 투자기금이라는 명목으로 조성한 돈은 기술연구 매니저들의 출장과 미팅 자금으로 쓰였고 일부는 중간 프로젝트 관리자들의 단기경영코스에 사용되었다.

이에 터무니없는 구조조정과 기술연구 매니저, 중간 프로젝트 관리자에 대한 불평불만은 점점 커졌고 회사에 대한 불신은 거의 한계에 다달았다.

이러한 와중에 얀센은 우연히 자금부 부장으로부터, '주주와 투자자들이 구조조정과 회사의 경영관리의 문제점들을 낱낱이 알게되어 회사의 회계장부와 예산집행에 대한 전반적인 자금회전의 내용까지 간섭할 수 있도록 하기 위해서는 사외 애널리스트를 이용하면 될 것' 이라는 정보를 얻었다.

엉터리 구조조정을 종식한 뒤에도 회사의 비상체제는 쉽게 풀리지 않았다.

거의 매일같이 최고경영진의 비상대책회의가 열렸고, 그때마다 회사가 경쟁업체에 인수, 합병될 지도 모른다는 소문이 떠돌았다.

사장은 팍스 연구개발 담당 기술이사와 최고재무경영자, 법제
팀장 등과 함께 구조조정 긴급대책에 대한 몇 가지 수정안을 급
하게 의결했다.

주요골자로는, '회사가 현재 거론되고 있는 몇몇 거대기업과
경쟁업체로 일방적으로 흡수될 경우에는 소위 최고경영진에 해
당하는 사장과 중역간부들의 향후 5년간 연봉과 최소한의 위로
금 1천5백만 달러를 받아내야 한다, 또 프로젝트 매니저를 중심
으로 한 매니저들의 근무연수에 따라 등급을 나눠 최소 1~3년까
지의 연봉과 협상이 가능한 한도 내에서의 보너스를 받아낸다.'
는 내용이 이사회에 회부됐고 이어 통과되었다.

이 수정안을 통과시킨 다음에야 최고경영진은 최종 대책회의
에 들어갔다.

이 자리에서는 일방적인 흡수합병이 아닌, 현재의 경영체제를
유지하는 선에서의 합병인 경우에, 최고경영진은 인수 파트너에
게 '연구개발부의 연구진에게도 연구진들이 요구했던 보상과 보
수를 적극적으로 검토, 합의할 수 있게 하자.' 는 데에 뜻을 같이
했다. 여기에 해당하는 연구진으로는 선임연구원 가운데 니젤
얀센, 웨인 그레쉰, 알랜 호크, 앨버트 타나카 박사가 유력한 후
보자로 거론되었다. 이 네 사람에게는 '테크노크라트(연구원 출
신 고급관리)' 라는 새로운 직함을 부여해 지위에 걸맞는 보너스까
지 받도록 하자고 결정했다. 특히 최고경영진은 앞으로 있을 주
주총회와 투자자들에게 보낼 공식 서한에 이러한 내용을 반드시

삽입하면, 회사 이미지의 긍정적인 효과까지 얻어낼 수 있을 것으로 내다봤다.

긴급대책을 끝낸 최고경영진은 얀센을 포함한 선임연구원들이 받게 될 연봉과 보너스가 중간 프로젝트 관리자의 것에도 못 미치는 수준임을 잘 알고 있었지만, 어쩔 수 없다고 생각했다. 그저 공식 서한을 통해 투자자들과 외부인사들이 구조조정에 끊임없이 노력하고 있다는 사실만 알아주길 기대했다.

✻✻✻

베른의 소망은 드디어 이뤄졌다.

사장은 다른 경영진들과의 협의를 통해 베른이 총책임자로 있던 응용기술연구부를 '미래응용연구기술소(Future Applied Research Technology, FART)'로 바꾸는 데에 합의했다.

이 내용은 이튿날 아침 게시판을 통해 공개됐는데, 게시판 주위에는 큰 소리로 웃으며 떠들고 있는 연구진들이 있다. 그들은 사장의 직인이 찍힌 공문에, '미래응용연구기술소(Future Applied Research Technology, FART)'의 'FART(방귀뀌다)'만 적색의 굵은 체로 적혀있는 것을 보고 있다.

"사장의 장난을 어떻게 생각해요"

재밌다는 듯 호크는 얀센에게 웃으며, 이미 베른은 이 공문을 보고 화를 내며 자신의 사무실로 올라갔다는 얘기까지 덧붙였다.

안센은 냉소적인 얼굴을 지으며, 게시판 가까이 다가와 공문을 직접 확인한다.

"비서가 작성했겠지만, 분명히 사장이 지시했겠죠. 참나, 어떻게 이런 장난을 할 수 있는지……."

그의 대답에 호크는 킬킬거리며 말했다.

"저는 이게 이번 구조조정이 가져온 필연적인 결과란 생각이 드는데요"

## 제11장

# 사필귀정(事必歸正)

이제 모든 여정은 끝으로 치닫고 있다.
월리 스틴의 배도 순풍에 돛단 듯이 순항했던 때가 있었다.
누구든 과욕을 부리면 이렇게 되리니.
기억하라. 악의 경영의 끝을……

연구개발부 선임연구원들의 예언은 정확하게 들어맞았다. 그들은 오랫동안 근무한 까닭에 효율적인 경영이 이뤄지지 않은 채 투자자원과 비용이 엉뚱한 곳으로 새나가고 있다는 것을 잘 알고 있다.

정상적으로 회사가 운영되던 초창기부터 왕성한 연구열정으로 연구를 해왔던 선임연구원들은 이제 갓 입사한 젊은 연구원들을 동정의 눈길로 바라볼 뿐이다. 특히 선임연구원들은 썩어빠진 회사의 경영상태는 생각하지도 않은 채, 경영진이 책정한 보수나 보상문제는 뒷전인 채 연구에만 몰두하는 젊은 연구원들을 불쌍하게 생각했다.

장기간의 연구계획 및 목표를 논의하고자 모인 공식회의에서는 '연구개발부의 조언'이라는 제목의 전단지가 돌았다. 이는 후배 연구진을 위해 30년 경력의 선임연구원이 퇴사하며 남긴 것이다.

> 오래된 프로젝트이든, 새로운 프로젝트이든
> 맡을 때마다
> 반드시 황금을 챙기게.
> 프로젝트가 날아가든, 미끄러지든 그게 무슨 대수인가.
> 중요한 것은 바로 '돈을 많이 챙기는 것'이네.
> 연구개발부에서 돈 챙기는 방법은
> 오직 한 가지.
> '무조건 프로젝트를 지연시키는 것'일 뿐.
> 폐기되지 않을 때까지
> 가능한 아주 길고길고길고길고 길게
> 그것 하나만 잡고 있게.
> 그리고 연봉을 받은 만큼만 일하게.
> 그 이상 일해봐야 느는 것은 흰머리와 주름 뿐이니.

사장의 '배(회사)'에는 이제 더이상의 예비 저장식품도, 연료도 없다. 승선한 많은 사람들을 바다로 빠뜨리거나 어느 항구에 정박해서 태우지 말았어야 했지만, 여전히 승선인원은 만원초과 상태. 노를 열심히 저어야할 연구개발부 연구진은 이제 노를 저을 힘조차 없는 상태이다. 그들은 언제나 뱃가죽이 등에 붙어있을 정도이지만, 갑판 위 경영진은 기름 낀 배를 두드리며 흥청망청 술판을 벌리고 골프클럽을 휘두르며 시간을 보내고 있다.

그러던 어느날, 최고경영진은 연구개발부 연구진에게 일주일 특별휴가를 주었다. 대부분의 연구원들은 모처럼의 특별휴가를 가족과 함께 기분좋게 보냈다.

휴가를 끝내고 돌아온 월요일.

연구원들은 회사가 해외출장비용은 고사하고, 신규 연구원 채용은 고사하고, 주문해 들여놓은 고가의 연구장비 대금결제도 하지 못하고 있다는 사실을 알게 된다.

화요일.

연구개발부 연구원들은 각 경제지와 중앙 일간지를 통해 회사가 정리해고를 비롯한 대대적인 구조조정에 들어가게 되었다는 보도를 접한다. 또 관계 신문과 잡지들은 이미 이 회사의 남미와 대만 등지에 있는 제조공장의 생산직 근로자가 수백 여명 해고 됐으며, 주력 상품을 생산하고 있는 미국 북동부와 중부에 위치한 생산공장 역시 문을 닫았다고 전했다.

오후 늦게, 팍스는 기술이사실 옆 회의실에서 연구개발부 연구원들과 이와 관련한 미팅을 가졌다. 이 자리에서 팍스는 이미 신문에 보도된 내용의 이야기만 읊어대며, '현지의 시장경기가 좋지 못한 관계로 부득이하게 조치한 내용이, 뒤늦게 신문에 보도된 것이고 일시적인 현상에 그칠 것이라는 전문가들의 전망이 있다. 크게 걱정할 사안은 아니라'는 말만 거듭했다.

또 미국 생산공장 문제에 대해서는, '국내 경기는 안정세를 유지하고 있다고 하지만, 최근 우리 시장에 경쟁업체들이 대거 뛰어든 데다가 경쟁업체들의 광고전략과 마켓팅이 치열해지면서 불가피하게 공장 문을 닫게 됐다. 그러나 업계 전문가들은 거품으로 평가하고 있다. 아직은 섣불리 판단할 수 없는 단계이므로 더 많은 말은 아끼겠다. 일단 최고경영진을 믿어달라.'고 말했다.

팍스의 열띤 설명에도 불구하고 많은 연구진은 그의 말을 믿을 수 없다는 눈치이다.

그리고 수요일.

사장의 직인이 찍힌 공문이 게시판에 걸렸다.

'이달의 슬로건, 아무리 어려워도 우린 기필코 성공하리라!' 그러나 연구개발부의 많은 연구원들의 걱정은 좀처럼 수그러들지 않았다.

그렇게 2주가 지난 어느날.

관련 업계 신문 1면에는 사장의 얼굴사진과 함께 경쟁업체의 최고경영자와 악수를 하고있는 사진이 커다랗게 인쇄돼 있다.

사장은 업계 굴지의 대기업인 글로벌 시스템즈 주식회사와 '우호적으로 합병' 할 것임을 발표한다.

"이제 우리 회사는 글로벌 시스템즈 주식회사의 태평양 지사로 다시 태어날 것입니다. 그렇지만 앞으로도 기존의 경영체제와 관련해 어떤 것도 바뀌지 않을 것임을 알립니다. 사원 여러분은 대외적인 외형 등이 변화하는 것에 동요하지 말고 지금까지 해왔던 대로 근무를 하면 될 것입니다. 어떠한 어려움도 발생하지 않도록 저희 최고경영진은 여러분의 손발이 돼드릴 것이며,

어떤 노력과 수고도 아끼지 않을 것임을 밝힙니다. 또한 지금까지 우리 회사에서 일해온 사원 여러분들의 수많은 노고와 수고를 치하하는 바입니다. 앞으로 글로벌 시스템즈 주식회사의 태평양 지사가 세계 무역의 높은 장벽을 깨고 명실상부한 최고의 업체로 순풍에 돛단 듯이 항해를 지속할 수 있도록 사원 여러분의 끊임없는 노력, 부탁드립니다. 감사합니다."

사장은 각 사무실의 스피커를 통해 공개서한을 발표한 후, 관련 공문을 게시판에 걸었다.

솔직히 글로벌 시스템즈에 대해 잘 알고 있던 연구개발부 연구원들은 기대감에 들떠 있다.

캐나다와 미국, 유럽 주요도시에 대규모 연구소를 갖고 있는 다국적 기업, 글로벌·시스템즈는 테크로켐사(제4장 참고)와 함께 비교적 짧은 기간 내에 내실있는 성장을 이룩한 굴지의 업체로서 업계에서도 단연 돋보이는 기업문화를 자랑하는 회사이다.

연구개발부 연구원들은 뛰어난 연구자로 인정받기 위해, 지금까지의 연구논문과 프로젝트 기획안, 성과보고서를 첨부한 이력서를 준비하느라 바쁜 나날을 보내고 있다.

사장의 공식발표가 있은 후, 글로벌 시스템즈의 재무제표 분석팀과 연구개발 프로젝트 및 자원 실사팀이 파견됐다. 그리고 비슷한 시기에 경영진을 중심으로 적잖은 경영인력이 퇴출 내지는 해고될 것이라는 소문이 사내에 파다하게 퍼졌다. 때문에 여기저기서 고함소리와 싸우는 소리, 항의하는 소리 등이 복도를 울렸다.

사외 애널리스트들과 글로벌측의 실사단이 실사에 들어가자, 팍스 기술이사처럼 자진퇴사하는 경영진이 늘어났다. 그리고 며칠 후, 벌어진 애널리스트들과 연구개발부의 선임연구원 그룹간의 미팅에서 애널리스트들은 다음과 같은 얘기를 했다.

"일전에 있었던 경영진 실사에서, 남아있는 경영진 대부분의 이력서가 날조됐다는 사실을 밝혀냈습니다. 더구나 일부는 논문조차 도용하거나 제대로된 학력조차 없었습니다. 또한 그간의 재무자료도 엉망이고 회계감사조차 제대로 받은 적이 없더군요."

선임 애널리스트가 마른 웃음을 터뜨리며 말을 이었다.

"이번 실사에서 드러난 내용을 바탕으로 앞으로는 경영진 그룹을 특별관리하기로 결정했습니다."

그후로도 2주에 걸쳐 사외 애널리스트들과 글로벌 측의 파견 직원들을 상대로 한 경영진의 마찰은 여기저기서 끊임없이 일어났다.

그러던 어느날.

선임 애널리스트는 연구개발부 연구진에게 "이런 경영상태 하에서도 여러분과 같이 뛰어난 연구인력들이 있었다는 사실이 믿기지 않을 뿐입니다. 여러분이 지탱해주었기에 그나마 50년 동안 회사를 유지해왔던 것 같습니다."라는 얘길 전했다.

그는 자신이 좋아하는 싯귀〔詩句〕라며 연구개발부 복도 게시판에 꽂아 놓았다.

출구없는 미로에 가둬놓고

허섭스레기들이

끊임없이 불꽃처럼 몰아친다


무슨 수로 실을 뽑아내라는 말인가.

무슨 수로 섬섬옥수 같은 천을 짜내라는 말인가.


흐리멍텅한 인부들은

오늘도 목표없이 방황한다


  게시판을 본 연구원들은 모두 선임 애널리스트의 싯귀를 반가
워하며 공감했다.

  "이 시(詩)가 조금이라도 위안이 됐음, 합니다. 실은 전에도
이 회사와 유사한 업체를 실사한 일이 있었습니다. 개인적으로
여러분과 함께 근무하게 되길 희망합니다. 저희 글로벌 시스템
즈의 실사단은 연구개발부 연구진 전원을 글로벌 시스템즈 주식
회사의 태평양 지사에 채용하길 진심으로 희망한다는 내용의 공
시문서를 본사에 제출했습니다. 곧 긍정적인 답변이 올 것으로
기대합니다."

  한편 사장을 비롯한 최고경영진은 글로벌 시스템즈가 곧 경영
의뢰와 관련한 서한을 보낼 것으로 믿고 기다렸으나, 그사이 많
은 경영진과 매니저들이 퇴출되거나 해고당한 사실을 뒤늦게 알
게 되었다.

보아라.

깡통을 열자마자

정신없이 움직이는 저것은 과연

벌레인가, 사람인가

발 빠르게 움직이며 질기게도 버텼건마는

마술적이고 획기적인 영감의 소유자는

드디어 최후를 맞이한다


실사단이 평가서를 본사에 제출한 그때.

숨겨졌던 회사의 나쁜 관행과 비일비재했던 부끄러운 추문들이 하나 둘씩 백일하에 드러나고 있던 그때.

과거 회사의 최고경영진과 경영 간부들은(빅터 폴 베른을 비롯, 마이크 밴더, 로저 보스, 누씽 부부, 토드 딘, 켄 헌트 등) 실사단이 조사를 시작하던 그날부터 일주일 가량 단체 휴가계획서를 냈었다. 경영 간부 상당수가 휴가를 즐기고 있을 무렵, 베른은 아직도 유러(제9장 참고)와의 안좋은 기억을 분개하며 잊지 못하고 있다.

그는 심한 굴욕감에 편안히 휴식을 취하지도 못하고 매일 밤, 악몽에 시달렸다.

그는 한 몫을 단단히 챙기고 이 기회에 테사 유러도 혼내줘야겠다는 야심찬 계획을 가지고 이젠 글로벌 시스템즈의 태평양 지사가 된 회사로 출근한다.

글로벌 측의 실사단은 평가를 끝내고 자리를 비운 상태였고, 경영진이 사용하던 사무실에는 아직도 과거 회사의 잔재와 기록들이 처리되지 못한 채, 여기저기에 방치돼 있다.

그는 예전 자신의 사무실로 들어가 테사 유러의 반론문과 특허출원서의 사본 등을 철해둔 폴더를 찾아냈다. 폴더 안에서 '지방질 분해효소 검출을 위한 마이크로 분석법'의 사본과 관련 자료를 찾아낸 그는 음흉한 미소를 지으며 사무실을 나갔다.

회사를 나간 베른은 근처 카페로 들어가 다시 폴더의 문서들을 꼼꼼히 살펴보았다. 아직 모든 것은 그대로 있다. 지금이야말로 유러도 혼내주고 큰돈도 챙길 기회였다.

그는 오랫동안 잘 알고 지내던 샌프란시스코의 중소기업 엔지모 주식회사의 기획실로 전화를 한다. 엔지모는 수년 전부터 다른 업체들과 연구 프로젝트를 공동 개발해왔는데, 특히 이 회사의 기획실장은 그와 각별한 친분이 있던 사이였다. 그는 전화로 기획실장에게 대강의 설명을 한 뒤, 미팅 시간을 잡았다.

엔지모의 기획실장은 베른의 이야기에 귀가 솔깃해 졌다.

오래 전부터 단백질 효소 연구에 남다른 관심을 가지고 있었는데, 게다가 이 분야에 권위있는 테사 유러 박사의 단백질 분해효소와 기질을 분석하는 방법에 대한 정보를 제공하겠다니, 최근에 성사시킨 거래 가운데 가장 괜찮은 거래가 될지도 모른다는 생각에 서둘러 약속 장소로 나갔다.

베른은 유러 박사의 '지방질 분해효소 검출을 위한 마이크로 분석법' 가운데 데이터 자료의 사본을 가지고 미팅장소로 나갔다.

약속한 장소에 미리 나와있던 엔지모의 기획실장은 엔지모 연구소의 마크 만델 박사를 소개한다. 만델은 엔지모 연구소의 현직 소장이고 관련 데이터의 가치를 검증하기 위해 자리한 것이다.

베른은 인사를 나눈 뒤, 이러한 자리가 마련된 이유부터 밝힌다.

"회사가 이번에 합병을 단행했는데, 안타깝게도 글로벌 시스템즈는 유러 박사의 단백질 분석법에 대해 어떠한 관심도 갖지 않더군요. 안타까운 마음에 기획실장님과 전화통화를 하다가 우연히 관심있다고 말씀하셔서 이렇게 자리까지 마련하게 됐습니다. 사실 저로서도 많이 망설였습니다만, 이렇게 업계에서 관심을 가져주시니 연구원의 한 사람으로서 기쁠 따름입니다."

베른은 인수계약서에 서명을 한 뒤, 속으로 쾌재를 불렀다. 그는 글로벌 시스템즈에도 한번 제시를 해볼까, 하는 생각마저 하고 있다.

길고 지루한 휴가가 끝나고 복귀한 경영 간부들 사이에 그간 있었던 실사단 평가서의 요약본이 돌았다. 대부분의 경영진들은 실사단과 가급적 마주치지 않기 위해 복도로 나오지도 않았지만, 베른만은 아랑곳하지 않았다.

곧이어 시작된 사외 애널리스트들과 실사단의 경영 간부 평가에서 베른은 화려한 연구경력이 실린 이력서를 제출한다. 그러나 여기에 그가 간과한 사실이 하나 있다.

바로 엔지모 주식회사의 엔지모 연구소가 글로벌 시스템즈로 흡수될 처지에 놓였다는 것.

당시 엔지모 연구소의 소장을 역임한 만델 박사는 엔지모 주식회사의 사외 인사 가운데 발탁된 형식상의 소장이었으므로 자세한 내막은 알지 못했다. 엔지모의 기획실장 역시 신문을 통해 이러한 사실을 알게 된 사람 중에 하나이다.

이러한 내용을 알 리 없는 베른은 여전히 연구개발부 연구실과 경영진 사무실을 활개치고 다녔다.

당시, 글로벌 시스템즈의 연구개발실 총감독 오거스트 거스트 박사는 유러가 제출한 성과보고서 가운데 '지방질 분해효소 검출을 위한 마이크로 분석법'과 '울트라−센서티브 단백질 분석법'을 눈여겨보던 참이다.

한편 엔지모 연구소 소유의 연구자료들을 검토하던 글로벌 시스템즈의 연구개발실 연구진은 자료실에서 테사 유러 박사의 이름이 기재된 폴더를 발견한다. 의아하게 생각하던 연구진은 문제의 폴더를 거스트에게 제출하고, 이 과정에서 거스트는 직접 태평양 지사로 찾아와 유러를 호출한다.

"누가 제 자료를 엔지모 측에 유출했는지 모르겠지만, 분명히 전 아닙니다. 왜, 제게 이런 사실을 추궁하는지 모르겠군요. 저역시 피해자입니다. 저도 도대체 누가 이런 짓을 했는지, 알고 싶군요"

유러는 심증이 가는 사람이 있긴 했지만, 다시 그때를 기억하기는 싫었다.

거스트는 실사단에게 이 사건을 철저하게 구명(究明)하라고 지시한다.

진상은 조사에 착수한 지, 이틀만에 전부 공개되었다. 이 내용 역시 연구개발부의 게시판에 공고됐고 관련 자료의 사본이 돌아다녔다. 이 사건의 전모는 엔지모의 연구소장을 역임한 만델 박사가 증인으로 모든 사실을 이야기했고 사건의 핵심인물, 빅터 폴 베른은 불명예스럽게 31년째 근속하게 되는 해에 퇴출당하고 만다.

베른의 사건과 몇몇의 구설수에 오른 윌리 스틴 전(前)사장은 이제 이사회와 투자자들로부터 강력한 압박을 받게 되었다.

사외 전문가 집단 역시 그의 태만하고 방만한 경영 탓에 회사가 구조조정에 직면하게 됐으며 급기야 글로벌 시스템즈에게 인수 합병된 것이라는 평가가 관련 전문지 등에 게재됐다. 이로써 윌리 스틴 전사장은 사실상의 사임을 권고받은 것이나 다름없었다.

글로벌 측은 윌리 스틴 전사장의 노고를 기념하는 뜻에서 그의 화려한 10층 회의실에서 만찬을 열게 해주었고, 사장실 벽면에 걸려있던 유화와 모형 선박을 선물했다.

윌리 스틴 전사장은 사실 기분이 굉장히 좋았다.

그는 글로벌 측의 거스트 박사와 실사단에게 고맙다는 말을 하고는 글로벌 시스템즈 태평양 지사장으로 새로 임명된 래리 게일씨에게 웃으며 준비한 고별사를 읽는다.

"지금 이런 자리에 서 있긴 합니다만, 큰 회사를 운영했던 최고경영인으로서 후회는 없습니다. 그동안 저는 최고경영인으로서 최선을 다했습니다. 제가 사랑하고 아끼던 이 배를 두고 떠나는 마음이 가슴 아플 뿐입니다. 앞으로 글로벌 측의 거스트 박사님과 래리 게일씨가 맡아 순풍에 돛단 듯이 항해를 하실 것입니다. 모쪼록 순항하시길 기원합니다."

그는 잠시 한숨을 쉬며, 자신을 바라보고 있는 많은 사람들을 둘러보다 다시 말을 이었다.

"인생에서 우리는 수없이 많은 선택과 기회의 순간을 가집니다. 저 또한 많은 선택을 했고 그 선택을 후회하기도 했습니다. 그 순간에는 나름의 철학과 도덕관 등의 기준을 가지고 결정했지만, 지나고 보면 많은 실수를 저질렀던 것도 사실입니다."

다시 한숨을 내쉬며 회의실의 이곳저곳으로 눈길을 돌리던 윌리 스틴 전사장은 이제 마지막 말만 남겨두고 있다며, 좌중을 조용히 시킨다.

"항해에는 옛부터 전해 내려오는 얘기가 있죠. '바람에 거역하여 괜한 시간만 낭비하지 말라.' 이 말을 다시금 되새기며, 순리를 따르며 살아야 모든 일이 형통할 줄 믿습니다. 그동안 감사했습니다."

글로벌 시스템즈의 태평양 지사로 태어나 얼마의 시간이 지나고 기운찬 기운이 흐르는 산뜻한 새바람이 연구개발부를 감싼다.

글로벌 시스템즈 연구개발부 연구원들은 모두 자신들이 거대한 '윌리 스틴'이란 허리케인을 잠재웠다는 사실에 뿌듯하고도 기쁜 나날을 보내고 있다.

무엇보다 연구원들은 연구에만 몰두할 수 있도록 지원을 아끼지 않는 새로운 경영정책을 환영하고 있다.

연구개발부의 새로운 감독 겸 기술이사로 자리한 오거스트 거스트 박사는 연구개발부 연구진의 의견을 적극 수렴해 몇 가지의 새로운 경영정책을 구현하고자 노력하고 있다. 특히 그가 래리 게일 지사장과의 단독협의 등을 통해 제정한—연구개발부의 독립성과 특수성을 고려한—새로운 경영정책은 연구개발부 연구진의 적극적인 도움과 호응에 힘입어 지금까지 잘 진행되고 있다.

우선 프로젝트 매니저를 포함한 기술연구 매니저, 중간 프로젝트 관리자 등의 직위를 과감히 없애는 대신, 각 연구 프로젝트별로 팀을 구성해 팀장(선임연구원 1~2명)을 중심으로 한 연구인원이 프로젝트가 종료될 때에 성과보고서를 작성하고 이에 따른 보수와 보상제도 대로 지적업무평가가 이뤄져 연말심사를 통해 승진의 가부를 결정한다는 것이다. 특히 연구 프로젝트가 목표한 수익을 달성하면 새로운 보상제도에 의해 특별 유급휴가와 특별 보너스가 지급되는 것은 물론이고 지적업무평가에 긍정적인 영향을 끼쳐 승진에 직접적인 점수를 획득한다는 인사정책은 많은 환영을 받고 있다.

무엇보다 거스트 기술이사는 필 팍스와는 달리, 항상 연구와 관련된 소재를 가지고 얘기하기를 좋아하는 사람이다. 더구나 그가 쌓은 상당한 연구경험과 지식은 연구개발부 연구진들이 진행하는 많은 연구 프로젝트의 추진력에 막강한 힘을 불어넣어 주고 있다.

연구개발부 연구진은 아직 시작단계인 까닭에 경영과 인사정책에 관련한 많은 의견을 제시하고 건의하는 상황이나 대부분의 내용이 투명하게 반영되고, 무엇보다 연구진의 복리후생에 많은 노력을 기울이는 경영진의 정책 대부분을 환영, 수용한다는 입장이다.

때문에 많은 연구진은 연구 프로젝트를 실현시키고자 최선을 다하고 있다. 이러한 고무적이고 긍정적인 분위기는 곧 연구 프로젝트의 성과물이 쏟아지는 현상을 이끌어 내었다.

글로벌 시스템즈 태평양 지사가 출범한 뒤 처음으로 주최한 '제1회 주주총회'에서 기조 연설자로 나선 거스트 박사는 새로운 연구개발부의 경영 및 인사정책을 보고했다. 이 자리에서 그는 많은 박수를 받았는데, 이에 기쁨을 감추지 못하고 자작시를 낭독하고 싶다고 말했다. 특히 주주총회인 만큼, 투자자를 위해 작성한 싯귀〔詩句〕임을 밝혔다.

**연구개발부가 보내는 준엄한 경고**

투자한 기업이 휘청거린다 해도
급하게 돈을 회수할 생각은 하지 말게.
특히 연구진에게 책임의 화살을 던지지 말고
준엄한 경고에 귀를 기울이게.

기업경영을 맡고있는 최고경영진과 경영집단을 조심하게.
그 기업의 회계감사장부와 인사정책, 장기투자정책을 살펴보게.
무엇보다 기업의 장기근무 사원을 만나보게.
그 기업은 멀리 내다보고 있는가.
일관된 정책과 기준으로 경영하고 있는가.
투명한 인사정책과 사원의 복리후생을 실현하고 있는가.
사외 평가전문가들은 기업의 경영정책에 대해 어떻게 평가하는가.

만약 악(惡)이 꿈틀대고 있다면,

악이 똬리를 틀어 고개를 빳빳이 세우려 한다면,

이미 투자한 돈은 미끄러진 것이네.

더이상의 수익도 발생할 수 없고

희망은 산산이 부서져 사라져 버린 후라네.


거스트의 낭독이 끝난 뒤, 래리 게일 지사장은 다음과 같이 의미심장한 발언을 했다.

"새로운 연구진과 경영진간의 솔직한 의견교환 및 회사를 위해 모두 하나가 되는 화합의 장을 구현해 우리 회사는 반드시 성공하리라 자신합니다."

주주총회가 끝나고, 게일 지사장은 '악의 경영'의 결과를 항상 상기하기 위해 거스트의 '연구개발부가 보내는 준엄한 경고'를 태평양 지사의 최고경영진 사무실마다 걸어놓으라고 지시한다.

지금도 글로벌 시스템즈 사무실이면 어디든 이 액자가 걸려있다고 한다.